LE STILE

DE LA

IVRISDICTION ROYALE

ESTABLIE DANS LA VILLE DE LYON,

ET

PRESENTEMENT VNIE AV CONSVLAT,

pour la conseruation des Priuileges Royaux
des Foires.

Ex Biblioth. S. Caroli Parif

A PARIS,

Chez Antoine Vitré, Imprimeur ordinaire du Roy,
& du Clergé de France.

M. DC. LVII.

PREFACE.

Es raiſons qui nous obligent à pre-
ferer la ſocieté à la ſolitude nous ap-
prennent l'excellence du commerce, & combien cét art a d'aduantage
ſur les autres par ſon importance, &
ſa neceſlité. Nous ſommes autant portez au deſir
de viure enſemble par la neceſlité abſoluë, que
par l'inclination naturelle ; puiſque la ſocieté ciuile au jugement d'Ariſtote ne contribuë pas ſeulement au plaiſir de la vie, mais auſli à la vie meſme ; γινομἐνη μὲν ὄυω τῦ ζῆν ἕνεκεν, ὄυσα δὲ τῦ ἐυ ζῆν.
En effet nous ne ſommes point capables de nous
rendre les ouuriers de noſtre bonne fortune ſans
vn ſecours eſtranger. Si la ſageſſe n'eſt pas vne
vertu qui s'en forme vne de l'inſenſibilité & de la
barbarie ; en vain le Sage cherchera toutes ſes ri-
cheſſes dans ſoy-meſme ; en vain pretendra-t'il
que ſes propres biens ſuffiſent pour la ſatisfaction
de tous ſes deſirs.

*Ariſto-
politic.
lib. 1.*

La condition des hommes ſeroit funeſte, s'ils
ne ſe conſideroient comme des parties deſtinées
à compoſer vn ſeul corps pour leur commune felicité. Ils ne peuuent s'eſloigner de ce ſentiment
ſans s'eſloigner de leur bon-heur. Certes ſi c'eſt
vne choſe blaſmable de refuſer des loüanges
à ceux qui s'en rendent les plus dignes par la

A ij

grandeur & par le nombre de leurs bienfaits, c'est vne ingratitude inexcusable d'estimer moins l'art du commerce, que les autres arts. Si nostre estime doit estre gratuite, c'est celuy de tous qui en paroist le plus digne; si elle doit estre interessée, s'en trouue-t'il vn autre qui la paye plus auantageusement? N'est-ce pas le commerce qui a appris aux Philosophes les merueilles de la Nature, & aux Legislateurs celles de la Politique, qui a rendu Platon Philosophe, & Solon Legislateur? N'est-ce pas le commerce qui joint toutes les Nations par leurs interests, quelque auersion qu'il y ait entr'elles par leurs mœurs; qui par l'effort de son industrie fait violence à la nature; qui porte l'Asie, l'Affrique & l'Amerique dans l'Europe; qui de tous les peuples ne fait qu'vn peuple, & de toute la terre qu'vn païs qui luy obeït tousjours sans armes & sans violence; qui plus victorieux que tous les Conquerans a descouuert de nouueaux mondes, & les a assujettis aux loix de la ciuilité?

Comme les membres d'vn corps, quelques bien proportionnez qu'ils soient, se trouueroient neantmoins inutiles, si les esprits portez par les veines & par les nerfs ne leur inspiroient la vie & le mouuement. De mesme les parties du monde, quoy que fertiles en beaucoup de choses, souffriroient les injures de la necessité, si les hommes n'entreprenoient par les voyages & par le negoce, de rendre communs les presens que la nature a rendus particuliers a diuerses contrées.

Les Rois d'Ifraël & les Empereurs de Rome, auoient des Marchands couchez fur l'eftat de leurs maifons, non pas qu'ils s'en feruiffent pour le gain, mais feulement pour recouurer les chofes neceffaires à la vie & à l'ornement de leur dignité. Les nauires de Salomon apres de longs voyages, retournoient chargez de lingots d'or & d'argent, & d'autres chofes precieufes. Les Agents de l'Empereur Pertinax exerçoient le trafic. Le Senat mefme qui fe vantoit d'eftre le Confeil du monde & la feance des Rois, prit foin d'inftituer vn College de Marchands. En effet, les anciens ont toufjours honoré la marchandife : C'eft elle qui rendit autrefois fi celebres les villes de Tir & de Sidon. C'eft elle à qui Gennes, Venife & Florence doiuent leurs richeffes & leur grandeur. C'eft elle enfin qui a toufjours efté confiderée comme la veine-porte de l'Eftat, fans laquelle tous les membres feroient languiffans & tomberoient en defaillance.

Le commerce eft fi honnefte & fi neceffaire, que les Legiflateurs l'ont honoré de plufieurs priuileges ; Que les Philofophes mefmes, comme Thales & Zenon l'ont exercé fans reproche. Caton mefme, l'honneur des Nobles, & la viue image de la vertu Stoïque, n'a point dédaigné cette occupation, qui fait la richeffe des familles particulieres, & la grandeur des Eftats.

Ces propofitions & ces exemples confirment cette premiere verité, que la marchandife n'eft

A iij

point mefprifable,& que les autres arts n'ont prefque rien de fublime ny de beau,dont ils ne foient
redeuables à fes voyages, à fes foins, & à fes obfer-
uations. Mais quand elle ne feroit honorée qu'autant qu'elle eft neceffaire aux Villes & aux Eftats,
quels autres arts meriteroient vne reconnoiffance d'honneur plus reelle, & plus legitime ? Tous
les pays n'ont pas toutes les chofes fans lefquelles
on ne fçauroit viure commodement ; les Marchands qui les recouurent par leur induftrie font-
ils apres cela de mediocres bien-facteurs ? Que de-
uiendroient les Villes & les Communautez, dit
Platon, fi leurs habitans n'y apportoient d'ailleurs
chaque jour, les chofes dont elles manquent; &
n'emportoient ailleurs celles dont elles abon-
dent ; puis que cette communication fi auanta-
geufe & fi vtile, eft la feule caufe de leur eftabliffement ὧς δὴ ἕνεκα καὶ κοινωνίας ποιησάμενοι πόλιν ὠκίσαμεν.
Dauantage,fi les richeffes font aux hommes,com-
me parle Hefiode, vne feconde ame qui les fait
agir auec plus de force & de vigueur; fi elles font
mefmes l'ame du corps politique, fans laquelle il
eft fans mouuement & fans action, qui peut mef-
prifer la marchandife, qui en eft la fource & l'origine, comme Dieu eft le createur de celles qui
nous donnent la vie ? Où voit-on de grandes richeffes que le commerce n'ait pas produites ? Où
en peut-on efperer s'il ne les promet ?

C'eft à luy que la ville de Lyon doit le bon-heur
de fes habitans; c'eft à ces celebres Negotians qui

Plat. de
republ.
lib. 2.

se respandent dans tout le monde, que cette Ville si fameuse dans l'Europe doit sa gloire & sa reputation.

L'abord de tous les Marchands du monde auoit rendu Lyon illustre sous l'Empire Romain, mais ce qu'il est maintenant en ce haut point de son esleuation ne souffre pas de comparaison auec ce qu'il estoit alors, quelques loüanges que les siecles passez luy ayent données. Il estoit enuironné de plusieurs Villes qui ne luy cedoient pas; mais elles ne peuuent presentement luy opposer que des rayons presque esteints de leur ancienne dignité.

Ces anciens Palais, ces vieux Colosses, ces Amphiteatres démolis marquent quelque reste de leur premiere splendeur; mais la bonne fortune de la ville de Lyon, & cette constellation fauorable qui a presidé à sa naissance, l'a garentie de leur disgrace, & l'a esleuée sur leurs ruïnes par la rencontre & la participation du commerce; & si glorieusement, que ses voisins n'ont plus pour elle qu'vne estime veritable, ou qu'vne émulation impuissante. Enfin Lyon est l'ouurage du commerce, & il l'est si visiblement qu'il ne le peut des-auoüer sans vne ingratitude manifeste. Il n'y a point de peuples si esloignez, il n'y en a point de si barbares où cette verité ne trouuast des tesmoins qui la maintiendroient si elle estoit contestée. Mais les esprits les moins judicieux y suiuent l'exemple des plus raisonnables, & tous efgalement luy tefmoignent leur reconnoiffance par vne protection publique.

La caufe de l'extréme amour qu'auoient pour leurs Rois les anciens Babyloniens eftoit attribuée à quatre oyfeaux magiques fufpendus au daiz qui couuroit le Throfne Royal; mais la paffion qu'a cette Ville depuis tant de fiecles, pour vn art à qui elle a des obligations infinies, a dans ces mef-mes obligations vne caufe plus veritable & plus folide. Toutesfois, quelques tefmoignages que fes habitans luy rendent de fon eftime & de fon affection, il faut auoüer qu'ils font au deffous de la reconnoiffance qui eft deuë à la grace que le Roy a accordée à fes tres-humbles fupplications. C'eft l'vnion de la jurifdiction Royale inftituée pour la Conferuation des priuileges de fes Foires fran-ches, au Confulat; qu'elle a enfin obtenuë, apres auoir furmonté les difficiles conjonctures du temps & des affaires.

Certainement les Magiftrats qui l'ont exercée jufques à prefent fe font acquitez tres-dignement de leur deuoir. Mais s'il eft vray que plufieurs lu-mieres diffipent plus fortement les tenebres qu'vn feul flambeau, ne faut-il pas auoüer que plufieurs perfonnes, efgalement efclairées porte-ront à l'aduenir dans les affaires les plus confufes, vn jour, & plus prompt, & plus lumineux? Mef-fieurs les Preuoft des Marchands & Efcheuins l'ont desja fait voir en diuerfes occafions, depuis qui'ls fe font chargez de l'exercice de cette jurifdiction

diction. C'eſt vn auantage au public qu'ils ſe
ſoient obligez, comme ils ont fait, de rendre la
juſtice gratuitement, & de n'attendre de leurs
ſoins & de leurs peines d'autres recompenſes que
la ſatisfaction d'auoir bien fait.

C'eſt vne choſe digne de merueille, que dés le
moment que l'on eſt appellé au gouuernement
des peuples, on ſent tomber dans ſon ame vne ſe-
mence diuine qui n'y produit que des ſentimens
de generoſité. A meſure qu'on eſt eſleué au deſſus de ſa premiere condition par le choix de ſes
Citoyens, on s'eſleue d'ordinaire au deſſus de ſoy-
meſme par ſes reflexions. On n'entre pas dans le
Conſulat comme dans vn employ capable de ſatisfaire eſgalement l'ambition & l'auarice. Les
ames les plus mercenaires s'y purifient d'abord
des baſſeſſes de celle-cy, par les ardeurs qui emportent l'autre à l'amour de la gloire. On n'a pas
eu ſujet de ſe plaindre de la conduite de ceux qui
exerçoient auparauant cette Iuriſdiction; on n'en
aura non plus de ſe plaindre de ceux qui en ſont
reueſtus aujourd'huy, puis qu'ils ſont perſuadez
qu'ils ne ſçauroient ſans ſe couurir de confuſion,
conſiderer leur intereſt particulier. Dauantage, la
Iuſtice, quoy que neceſſaire pour faire regner entre les hommes la paix & la tranquilité, leur eſt
neantmoins vn remede tres-faſcheux quand la
loy qu'elle leur impoſe eſt purement du Portique,
& de l'eſprit auſtere des Stoïques ſans eſtre tem-
perée par la douceur & par vne prudente modera-

Ter-
tul.in
Apol.

tion. C'eft ce qui fait qu'vn des Peres de l'Eglife
confeille à vn grand Magiftrat de ne pas fouhait-
ter d'eftre trop jufte. Combien de fois eft-il arriué
de defolations fans remedes à des familles confi-
derables; parce que la Iuftice n'a pas voulu obferuer pour elles de retenuë ny de temperamment ?
Combien de fois a-t'elle foudroyé des mal-heu-
reux qu'elle deuoit plaindre, & fait efclatter la
colere où deuoit agir l'indulgence, la benignité
& la compaffion ? Elle le pouuoit à la rigueur, il
femble mefme qu'elle le deuoit, fi l'on pretend
qu'elle ne foit qu'vne ferme & conftante volonté
de rendre fon droit à chacun. Neantmoins cette
fermeté & cette conftance eft vne vertu funefte,
fi elle eft vne vertu inflexible. Le public eft trop
intereffé à conferuer la reputation du commerce,
& par confequent il eft trop à defirer, que les ri-
gueurs de la Iuftice ne foient pas tousjours fi abfo-
luës. En effet, c'eft ce qu'il defiroit ardemment
depuis long-temps, & ce qu'enfin il a obtenu
par fes prieres. Les Marchands menacez de leur
mauuaife fortune, n'auront pas à craindre leurs
Iuges dans la perfonne de leurs peres. Les Confuls qui ne veulent pas dim`inuër de leur dignité
doiuent eftre perfuadez; dit vn ancien, que la

Cicer.

qualité de pere de la Patrie eft infeparable de celle de Conful. Donc, ceux qui font intereffez au
commerce (& le nombre en eft infiny) ont aujourd'huy l'auantage d'auoir des Iuges qui feront
leurs Protecteurs, fi leur mauuaife foy ne les de-

clare point indignes de cette grace. Et certes, cette Iurifdiction fi importante & fi celebre n'a pas
efté pluftoft vnie au Confulat, que le commerce a
paru vifiblement moins expofé aux orages qui
l'auoient fi long-temps agité, la conduite des particuliers plus pure, & la foy publique plus inuio-
lable. C'eft vn bien qui nous eft venu d'en-haut,
& qui nous apprend par fes effets quels doiuent
eftre ceux de noftre reconnoiffance. Si nos reffentimens ne font infinis ils ne refpondent pas fidelement à ce bien-fait. Nous en fommes entiere-
ment redeuables à Monfeigneur le Marefchal de
Villeroy noftre Gouuerneur. Il a fait fes interefts
des noftres. Il a fallu que l'autorité qu'il a dans le
Miniftere, & la bonté qu'il a pour nous ayent
vny leurs forces pour obtenir cette grace. L'amour
que Monfeigneur l'Archeuefque a pour cette
Ville, qui l'honore & le refpecte fi parfaitement,
luy perfuade tousjours fans peine tout ce qui eft
capable de contribuer à fon bon-heur, & à fa gloire. Auffi pour rendre nos defirs plus efficaces, il
les a confacrez par fon interceffion. Le fanctuaire
du Prince n'a pas efté moins ouuert aux prieres de
ce grand Prelat, que le fanctuaire de Dieu, & noftre fatisfaction nous a efté affeurée dés lors qu'il a
eu la bonté de tefmoigner la part qu'il prenoit à
nos defirs & à nos reffentimens. Leur protection
nous eft vne fource inefpuifable de bon-heur :
nous luy fommes obligez de noftre repos au milieu des agitations publiques ; & c'eft de leur illu-

ftre maifon que la tranquilité eft venuë dans les
noftres. Leur autorité nous eft vn bien-fait conti-
nuel, la fouueraineté de la raifon dans les hommes, n'eft pas plus neceffaire pour les porter à leur
deuoir, que l'eftoit le gouuernement de ces deux
grands Perfonnages, pour porter cette Ville à fa
felicité. Sa gloire n'eft qu'vn rayon de leur lumie-
re, & fi les miferes de l'Europe ne fe font pas encore eftenduës jufques à nous auec tout ce qu'elles
ont de funefte, nous en fommes redeuables à
leurs foins qui les ont preuenuës ou arreftées fi ad-
uantageufement. Leur prudence nous a efté vn re-
tranchement qu'elles n'ont peu forcer, & c'eft fon
miracle que de quelque feu que l'Eftat ait efté em-
brafé, nous n'en auons pas mefme veu vne eftin-
celle. Si cette Ville leur doit tout ce qu'elle a de
bon-heur, elle leur doit auffi prefque tout ce qu'elle a de beauté. Elle ne peut fans manquer de gra-
titude ne les pas reconnoiftre pour les auteurs de fa
decoration de mefme que de fa felicité. Nos portes, nos murailles, & tant de magnifiques bafti-
mens publient cette verité, & en font les celebres & les irreprochables monumens qui l'anime-
ront eternellement. Entreprendre fans la faueur
de leur protection ce grand & fuperbe Hoftel de
Ville qui n'en a point qui l'efgale, n'auroit-ce pas
efté vne vaine & temeraire entreprife ? C'eft vne
fable que Amphion ait bafty par les concerts de
fa Lyre les murailles d'vne Ville fameufe de la Gre-
ce ; mais c'eft vne verité que cette douce harmo-

nie que leur sageſſe a conſeruée ſi heureuſement
entre nous au milieu de tant de confuſions & de
deſordres , a eſleué ce ſuperbe Palais qui a tant
d'admirateurs. Ils ont eſté à nos deſſeins & à nos
penſées, ce que les Platoniciens croyent que l'a-
me vniuerſelle eſt à la nature. Ils ont agy auec
nous ſans ſe manifeſter, & neantmoins cét excel-
lent ouurage eſt celuy de l'action ſecrette de leur
protection pluſtoſt que de la noſtre viſible. Ce
ne leur a pas eſté aſſez de voir cette Ville embel-
lie d'vn ſi ſuperbe edifice, ils ont voulu honorer
encore ce noble baſtiment de l'eſtabliſſement
de cette Iuriſdiction, qu'ils luy ont rendu propre
par ſon vnion au Conſulat. Ils ont monſtré ainſi
la part qu'ils ont en la gloire de ſa conſtruction ,
& celle qu'ils prennent aux intereſts du bien
public.

Le public n'oubliera jamais quelle a eſté dans
cette occaſion ſi difficile, la conduite & la fermeté
de Monſieur le Preſident Guignard Preuoſt des
Marchands.

Ce grand zele qu'il a teſmoigné pour faire reüſ-
ſir ce deſſein glorieux ; pour eſtablir vne Iuriſdiction gratuite ; pour accomplir la derniere pen-
ſée d'vn de nos Rois, en purifiant la Iuſtice de
la venalité, & de l'intereſt particulier ; ce grand
ouurage nous impoſe l'obligation de luy faire
vn eloge particulier : mais noſtre reconnoiſſance doit obeyr à ſa modeſtie qui ne le peut ſouffrir.

Meſſieurs Grolier Procureur general de la Ville & ancien Preuoſt des Marchands, Meſſieurs de
Monceau & Bais Secretaire & Receueur, deputez
à la Cour auec Monſieur le Preſident Guignard
pour le meſme ſujet, ayant pris part à ſes ſoins
ont part à ſa gloire & à la reconnoiſſance publique de leurs Citoyens.

Ce grand deſſein ayant ſi glorieuſement reüſ-
ſi, il ne reſte plus qu'à le defendre des injuſtices
des hommes & de la confuſion des temps.

Monſieur le Preuoſt des Marchands, Meſſieurs
Cropet Maiſtre des ports, Coſtard, Boüilloud ancien Aduocat du Roy, & Rambaud ſieur de
Champregnard Eſcheuins, qui exercent ſi digne-
ment cette Iuſtice auec l'approbation publique,
dans l'eſprit & la pureté de ſon inſtitution, ont
eſtimé par leur prudence, pour en reſpandre l'vtilité dans le public, qu'il eſtoit à propos de le rendre manifeſte à toutes les Prouinces de cét Eſtat,
& de faire en cette maniere vn droit public de ce
droit particulier, ſi fauorable neantmoins à tous
les peuples. C'eſt ce que nous entreprenons preſentement par la publication de l'Edit de ſa Majeſté ſur cette vnion, & par celle du ſtile & des formalitez obſeruées dans cette Cour. Il eſt vray que
ce n'eſt que l'idée de ce qui s'en pourroit dire, ſi
l'on vouloit eſpuiſer cette matiere. Auſſi on n'a
pas creu cét ouurage digne d'vn tiltre plus ſpe-
cieux, quoy que les praticiens ſoient certains d'y
trouuer des lumieres neceſſaires, & des inſtru-

ctions fideles. Quelque esprit plus laborieux, &
plus sçauant, peut-eſtre adjouſtera vn jour ſes
ſoins à nos ſoins, & repreſentera le deſtail, & le
particulier des reglemens & des procedures dont
nous ne monſtrons que les elemens, & les raiſons generales. Nous le ſouhaittons ardemment
& nous verrons ces nouueaux efforts auec autant
de joye, que le public y trouuera de ſatisfaction. Trop d'eſprits ne ſçauroient s'appliquer à
là recherche des connoiſſances qui intereſſent
cette Iuriſdiction, puis qu'il eſt vray que ſa durée
ſemble deuoir eſtre la meſure de celle de la grandeur, & de la dignité de cette Ville.

EDIT

EDICT DV ROY, PORTANT

vnion de la Iurifdiction de la Conferuation des Priuileges Royaux des Foires de la ville de Lyon, au corps Confulaire de ladite Ville.

LOVIS par la grace de Dieu Roy de France & de Nauarre : A tous prefens & à venir, Salut. Nos chers & bien-amez les Preuoft des Marchands & Efcheuins de noftre bonne ville de Lyon, nous ont fait remonftrer que les Roys nos Predeceffeurs eftabliffans les Foires de Brie & Champagne, qui font à prefent celles de ladite ville de Lyon, pour y auoir efté transferées par les Roys Charles VII. & Loüis XI. & du depuis continuées & confirmées par tous les Roys leurs Succeffeurs, & mefme; par nos Lettres patentes du mois de Decembre 1643. ont voulu entre autres chofes que pour la decifion & jugement de tous les differends qui naiftroient entre Marchands nogotians efdites Foires, & pour raifon du fait d'icelles, circonftances, & dépendances generalement quelconques, il y euft vn Iuge gardien, autrement appellé Iuge Conferuateur des priuileges defdites Foires, qui euft feul, & priuatiuement à tous autres Iuges, la connoiffance de tous les differends qui furuiendroient entre lefdits Marchands, tant François qu'Eftrangers, & que non feulement la Iurifdiction dudit Iuge Confer-

Philippes de Valois confirms les Foires de Brie & Champagne en l'an 1340. Charles VII. & Loüis XI. les ont transferées és années 1419. & 1467.

Iuge gardien Conferuateur des priuileges defdites Foires, eftably auec lefdites Foires.

La Iurifdiction eftenduë par tout le Royaume & és pays eftrangers, fuiuant les traittez faits

C

auec les Princes Estrangers.

uateur s'estendist par tout nostre Royaume, sans distinction de Parlement ny de Prouince; mais encore suiuant les traittez faits entre cette Couronne & les Princes Estrangers, qu'il eust mesme autorité & pouuoir en toutes les Prouinces estrangeres sur ceux qui auroient negocié dans Lyon sous les priuileges desdites Foires. Et par Lettres patentes du Roy Loüis XI.

Pouuoir donné ausdits Preuost des Marchands & Escheuins en faueur des Foires, de nommer des personnes notables pour prendre garde ausdites Foires & aux marchandises, en l'année 1464

du 29. Auril 1464. a esté donné pouuoir ausdits Preuost des Marchands & Escheuins, de nommer vne personne notable pour prendre garde au fait desdites Foires. Et par les mesmes Lettres de Loüis XI. il leur a aussi esté donné pouuoir de nommer vne personne notable pour connoistre de chacune sorte de marchandise, pour voir si elle seroit de la qualité requise, & terminer tous les differends qui se pourroient mou-uoir, pour raison d'icelles, entre lesdits Mar-

Motifs desdits Preuost des Marchands & Escheuins, pour obtenir l'vnion de ladite Iuris-diction au corps Consulaire de la ville de Lyon.

chands durant lesdites Foires; de maniere que lesdits Preuost des Marchands & Escheuins ayant eu depuis l'establissement desdites Foires en ladite ville de Lyon, connoissance du fait d'i-celles, & les ayant seuls conseruées en leur en-tier, par leurs soins & les despences qu'ils ont continuellement faites pour leur manuten-tion, ils nous ont tres-humblement suppliez en consideration de ce que dessus, & que la Iu-risdiction de la Conseruation desdites Foires est tres-importante, comme faisant vne bon-ne partie de l'auantage que reçoiuent les Marchands frequentans icelles ; & attendu leurs offres d'exercer gratuitement & sommairement ladite Iurisdiction, sans autre dessein que de faire valloir lesdites charges pour le bien general du commerce de nostre Royaume, & le particulier de nostre Ville, en rendant justice à ceux qui la leur demanderont, sommairement & gratuitement & sans aucuns frais. Qu'il nous plust approüuer l'acquisition par eux faite des Offices de President Iuge gardien, Conseruateur des priuileges Royaux des Foires de ladite ville de Lyon, Enquesteur Commissaire examinateur, de Lieutenant, de nos deux Aduocats en ladite Iurisdiction, de Greffier hereditaire des Presentations & Consignations, places de Maistres Clercs, droits de parisis, & Garde-seel en icelle : & de joindre & vnir pour toûjours au Corps Consulaire de ladite Ville, ladite Iurisdiction tant ciuile que criminelle . auec lesdites charges & Offices : donnant pou   t au Preuost des Marchands d'exercer, lors   rouuera gradué, la charge de Presiden Iuge gardien, Conseruateur des priuileges Royaux des Foires de ladite Ville, & d'Enquesteur Commissaire Examinateur, regler & instruire les instances seul & priuatiuement à tous autres Iuges de ladite Iurisdiction, & en suite les juger & terminer sommairement, autant que faire se pourra, auec les quatre Escheuins qui se trouueront en charge, conjointement ou separé-

offres de l'exercer gratuitement & sommairement.

Demandes desdits Preuost des Marchands , & Escheuins, en suite de l'acquisition des offices d'icelle , faite en l'année 1613. & 1614.

Que le Preuost des Marchands estant gradué preside, instruit & juge auec les quatre Escheuins , & six autres Iuges Exconsuls , Bourgeois ou Marchands nommez par le Consulat.

ment, & fix autres Iuges Exconfuls Bourgeois
ou Marchands de ladite Ville, de qualité & ca-
pacité requife, que lefdits Preuoft des Marchands & Efcheuins nommeront & commet-
tront à cét effet, procedant à l'execution du
présent eftabliffement : fçauoir, trois du cofté
de Fouruiere, & trois autres du cofté de faint
Nizier, qui exerceront lefdites charges pendant le temps qui reftera de la présente année,
& toute l'année prochaine 1656. laquelle expirée lefdits Preuoft des Marchands & Efcheuins
continuëront, à leur choix, pour l'année fuiuante trois defdits fix Iuges premiers nommez,
lefquels auec les trois nouueaux qu'ils nommeront exerceront ladite Iurifdiction, en laquelle lefdits Preuoft des Marchands & Efcheuins
nommeront auffi fucceffiuement à la fin de
chacune année trois nouueaux Iuges, & en
continuëront trois des anciens, aux fins que ladite Iurifdiction demeure annuellement compofée de fix Iuges, trois anciens & trois nouueaux, outre le Preuoft des Marchands & les
quatre Efcheuins, entre lefquels fix Iuges Exconfuls, Bourgeois ou Marchands, il y aura neceffairement vn gradué qui inftruira les inftan-
ces tant ciuiles que criminelles, en l'abfence
des Preuoft des Marchands ou Efcheuins graduez, & encore lors que celuy qui poffedera ladite charge de Preuoft des Marchands. & aucun defdits quatre Efcheuins ne feront gra-

*Trois du co-
fté de Fouru-
iere, &
trois du co-
fté de faint
Nizier.*

*Que ladite
Iurifdiction
demeure an-
nuellement
compofée de
fix Iuges,
trois anciens
& trois nou-
ueaux, outre
lefdits Preu-
oft des Mar-
chands &
Efcheuins.*

*Qu'entre
lefdits Iuges
il y ait necef-
fairement
vn gradué.*

*Que ledit
gradué in-
ftruife &
prefide, tant
que le Pri-
oft des Mar-
chands ou*

duez. Et au cas qu'entre lefdits quatre Efcheuins il y euft vn gradué, ledit gradué prefidera
en l'abfence du Preuoft des Marchands gradué,
& toûjours, fi ledit Preuoft des Marchands n'eft
gradué. Comme aufli qu'il fuft donné pouuoir
aufdits Preuoft des Marchands & Efcheuins de
nommer & commettre deux autres graduez,
pour en ladite Iurifdiction exercer les charges
de nos Aduocats pendant vne année, & de continuer l'vn d'iceux pour l'année fuiuante auec
celuy qui de nouueau fera nommé à cét effet;
en forte que chacun defdits deux nos Aduocats
demeure dans la fonction de ladite charge pendant deux années confecutiues, & y en ait toûjours vn nouueau auec vn ancien, fuiuant l'ordre qui fera eftably pour les fix Iuges, qui prendront leur rang & feance apres lefdits Preuoft
des Marchands & Efcheuins, fuiuant leur qualité & ancienneté. Que tous lefdits Iuges, nofdits
deux Aduocats, & le Greffier qui fera aufli nommé & eftably par lefdits Preuoft des Marchands
& Efcheuins joüiront du mefme pouuoir, autorité, Cour & Iurifdiction ciuile & criminelle,
honneurs & prerogatiues attribuez aux fufdits
Offices par les Edits & Declarations concernant
leur creation, eftabliffement & pouuoir, & les
Reglemens & Arrefts fur ce interuenus, tout
ainfi que les precedens Officiers les auront
exercez, fans neantmoins que lefdits Preuoft
des Marchands & Efcheuins, Iuges & Aduo-

C iij

*l'vn des Ef-
cheuins ne fe
trouue gra-
dué.*

*L'Efcheuin
gradué pre-
fide & in-
ftruit au
defaut &
abfence d'vn
Preuoft des
Marchands
gradué.*

*Qu'ils prefi-
fint commet-
tre deux Ad-
uocats pour
tenir la place
de ceux de fa
Majefté*

*pour deux
ans, y ayant
toûjours vn
nouueau
auec vn an-
cien.*

*Seance des
fix Iuges
apres les Pre-
uoft des Mar-
chands &
Efcheuins,
fuiuant leur
qualité &
ancienneté.*

*Greffier efta-
bly par lef-
dits Preuoft
des Mar-
chands &
Efcheuins,
Iouyffent
du pouuoir
attribué au
Iuge Con-
firmateur,
par Lettres
de l'an 1510.
1535. 1612.
& autres.*

cats par eux commis puiſſent pretendre aucunes eſpices, ſalaires, ny émolumens, pour quelque cauſe & occaſion que ce ſoit, ny ledit Greffier exiger aucuns droits que ceux qui ſeroient
par eux moderément taxez. Que le Subſtitud

*Que le Sub-
ſtitud du
ſieur Procu-
reur general
continuëra
d'y exercer
ſa charge,*

de noſtre Procureur general en ladite Iuriſdiction continuëra en icelle l'exercice de ladite
charge, tout ainſi qu'il a fait juſques à preſent,
& aux meſmes droits & émoluments dont il a

*comme auſſi
les Procu-
reurs &
Huiſſiers y
exerceront
les leurs.*

toûjours joüy. Que les Procureurs en la Seneſchauſſée & Siege Preſidial de Lyon continuëront auſſi d'occuper & poſtuler pour leurs parties en ladite Iuriſdiction, & les Huiſſiers d'i-
celle, enſemble ceux de noſtre Seneſchauſſée
& Siege Preſidial, & nos Sergens executeront
leſdits jugemens, commiſſions & contraintes
deſdits Preuoſt des Marchands & Eſcheuins, &
autres Iuges de ladite Iuriſdiction, leſquels jugemens ſeront executez en la meſme forme &
maniere qu'ils ont toûjours eſté, & ſuiuant les

*Que ladite
Iuriſdiction
ſoit exercée
dans l'Ho-
ſtel de Ville,
& les iuge-
gemens inti-
tulez du
nom des Pre-
uoſt des Mar-
chands &
Eſcheuins,
Preſidens,
Iuges gar-
diens, Con-
ſeruateurs
des priuileges
des Foires.*

vs & couſtumes de ladite Iuriſdiction, qui ſera
exercée dans l'Hoſtel commun de ladite Ville,
& leſdits jugemens intitulez du nom deſdits
Preuoſt des Marchands & Eſcheuins, Preſidens,
Iuges gardiens, Conſeruateurs des priuileges
Royaux des Foires de ladite Ville, à la charge
que les gages attribuez auſdits Offices demeureront ſupprimez, & leſdits Offices rayez des
roolles des Regiſtres de nos parties caſuelles,
du marc-d'or, & ſans qu'à l'aduenir leſdits Of-

fices de ladite Iurifdiction puiſſent eſtre aug-
mentez ny deſ-vnis du Corps conſulaire de ladite villede Lyon , ny iceux reſtablis ; taxez ny
reuendus par aucuns Edits ny Declarations. A
CES CAVSES deſirant gratifier & fauorablement
traiter nos bons ſubjets de ladite ville de Lyon,
maintenir les priuileges de leurs Foires, & aug-
menter le pouuoir & autorité qu'ils ont touſ-
jours employé pour le bien de noſtre ſeruice,&
conſeruation de ladite Ville ; NOVS auons par
noſtre preſent Edit perpetuel & irreuocable, ag-
gréé, approuué & confirmé; aggreons, approu-
uons , & confirmons l'acquiſition faite par les
Preuoſt des Marchands & Eſcheuins de ladite
ville de Lyon, des offices de Preſident,Iuge gardien , conſeruateur des Priuileges Royaux des
Foires de ladite ville de Lyon , Enqueſteur ,
Commiſſaire examinateur,de Lieutenant, de
nos deux Aduocats en ladite Iurifdiction , &
de Greffier hereditaire des preſentations &
conſignations, places de maiſtres Clercs,droits
de pariſis, & Garde-ſcel en icelle. VOVLONS,
ORDONNONS ET NOVS PLAIST qu'à l'aduenir ladite Iurifdiction ciuile & criminelle ,
auec leſdites charges & Offices de Preſident,
Iuge gardien , Conſeruateur des priuileges
Royaux des Foires de ladite Ville; d'Enqueſteur , Commiſſaire examinateur, ceux de
Lieutenant ; de nos deux Aduocats, & de Greffier hereditaire des preſentations , conſigna-

*Que les ga-
ges deſdits
offices acquis
ſoient ſup-
primez.*

*Diſpoſitif de
l'Edit.*

*Approbation
& confirma-
tion de l'ac-
quiſition.*

*Vnion de la-
dite Iurifdi-
ction au
Corps Con-
ſulaire, tant
pour le ciuil
que pour le
criminel.*

tions, places de maiſtres Clercs ; droits de
pariſis , & Garde-ſeel en icelle Iuriſdiction
ſoient joints & vnis pour touſiours au Corps

Conſulaire de ladite Ville; & que le Preuoſt des
Marchands , lors qu'il ſe trouuera officier gradué, exerce à l'aduenir ledit office de Preſident,
Iuge-gardien , Conſeruateur des priuileges
Royaux des Foires de ladite ville de Lyon, d'Enqueſteur & Commiſſaire examinateur en ladite Iuriſdiction ; regle & inſtruiſe ſeul, priuatiuement à tous autres Iuges, les inſtances & pro-

cez qui y ſeront intentez, & les juge & termine
ſommairement autant que faire ſe pourra, auec
les quatre Eſcheuins qui ſe trouueront en charge, conjoinctement ou ſeparément, & ſix autres Iuges Exconſuls, Bourgeois ou Marchands
de ladite Ville pour ce choiſis de qualité & ca-

pacité requiſe, deux deſquels nous nous ſommes reſeruez & reſeruons de nommer par ces
preſentes; ſçauoir l'vn du coſté de Fouruiere &
l'autre du coſté de ſaint Nizier, & les quatre au-

tres ſeront nommez par leſdits Preuoſt des
Marchands & Eſcheuins, ſçauoir deux auſſi du
coſté de Fouruiere & deux autres de celuy de
ſaint Nizier, pour conjointement auec leſdits
Preuoſt des Marchands & Eſcheuins exercer ladite Iuriſdiction, pendant le reſte de la preſente
année & l'année prochaine mil ſix cens cin-

quante ſix, laquelle expirée l'vn des deux Iuges
par nous nommez & deux des quatre nommez

par

par lefdits Preuoſt des Marchands & Efcheuins,
à leur choix, continuëront la fonction defdites
charges pendant l'année mil ſix cens cinquante-ſept, auec trois autres qui ſeront nommez à
la fin de l'année mil ſix cens cinquante-ſix, l'vn
par nous & les deux autres par lefdits Preuoſt
des Marchands & Efcheuins ; pour entrer efdites charges au commencement de ladite année
mil ſix cens cinquante-ſept, les exercer pendant ladite année auec trois anciens Iuges, &
continuer par lefdits trois Iuges derniers nommez leur fonction juſques à la fin de l'année
mil ſix cens cinquante-huit, & ainſi succeſſiue-
ment és années ſuiuantes, que nous nommerons pour chacune d'icelles l'vn defdits Iuges
qui ſera Bourgeois ou Marchand non gradué ;
& lefdits Preuoſt des Marchands & Efcheuins
nommeront les deux autres Iuges Exconſuls,
Bourgeois ou Marchands, en ſorte que chacun
defdits ſix Iuges puiſſe demeurer dans ladite
charge pendant deux années conſecutiues, &
y eſtre touſiours trois nouueaux auec trois anciens, outre lefdits Preuoſt des Marchands & Efcheuins, Qve NOVS VOVLONS ET ENTENDONS
eſtre Iuges perpetuels de ladite Iuriſdiction, ſuiuant l'ordre par nous eſtably par ces preſentes.
VOVLONS neantmoins & ordonnons que lors
qu'il ne ſe trouuera aucun Officier gradué entre lefdits Preuoſt des Marchands & Efcheuins,
ils nomment outre les ſix Iuges cy-deſſus l'vn

Trois Iuges ſeront nom-mez par cha-cune année, vn par le Roy, deux par le Con-ſulat, & cha-cun des ſix Iuges de-meurera deux ans en charge.

Les Preuoſt des Mar-chands & Eſcheuins Iuges perpe-tuels de la-dite Iuriſdi-ction.

Au deffaut ou abſence, ou recuſation d'vn Officier gradué on

D

des gens tenans le Siege Prefidial à Lyon, pour prefider, inftruire & juger conjointement auec les autres Iuges, pendant l'année feulement que ny le Preuoft des Marchands ny aucun des quatre Efcheuins ne fe trouueroient Officiers graduez. Et où l'année fuiuante arriueroit la mefme chofe, lefdits Preuoft des Marchands & Efcheuins nommeront vn autre des gens tenans ledit Siege Prefidial pour fucceder au precedent, & exercer ladite fonction pendant ladite année: Et en cas de recufation, maladie, ou abfence dudit Officier, lefdits Preuoft des Marchands & Efcheuins en nommeront & fubrogeront vn autre de la mefme qualité, pendant le temps de ladite maladie ou abfence, comme auffi pour le cas de ladite recufation: Et où il y auroit vn Officier gradué entre lefdits

quatre Efcheuins, ledit Efcheuin inftruira & prefidera en l'abfence du Preuoft des Marchands, tant, & fi longuement que ledit Preuoft des Marchands ne fe trouera Officier gradué. Comme auffi voulons & nous plaift que lefdits Preuoft des Marchands & Efcheuins nomment & commettent pour l'eftabliffement qui fera fait en execution des prefentes,

deux graduez pour exercer en ladite Iurifdiction pendant le refte de la prefente année & l'année prochaine mil fix cens cinquante-fix, les charges de nos deux Aduocats, & que l'vn d'iceux au choix defdits Preuoft des Marchands

& Efcheuins foit continué pour exercer ladite
charge pendant l'année fuiuante mil fix cens
cinquante-fept, auec celuy qui de nouueau fera par eux nommé à cét effet, en forte que chacun defdits deux nos Aduocats demeure dans
la fonction de ladite charge pendant deux années confecutiues, & y ait toufiours vn nouueau auec vn ancien, fuiuant l'ordre par nous
eftably pour les fix Iuges de ladite Iurifdiction,
lefquels fix Iuges nous voulons prendre &
auoir rang & feance apres lefdits Preuoft des
Marchands & Efcheuins, fuiuant leur qualité,
ou ancienneté, & que tous lefdits Iuges, nofdits
deux Aduocats, & le Greffier qui fera auffi nommé & eftably par lefdits Preuoft des Marchands & Efcheuins, joüyfent du mefme pouuoir, autorité Cour & Iurifdiction ciuile & criminelle, honneurs & prerogatiues attribuez
aux fufdites Offices de Prefident, Iuge gardien,
Conferuateur, Enquefteur, Commiffaire examinateur, Lieutenant, nos Aduocats, Greffier
hereditaire, & des prefentations, confignations, places de Maiftres Clercs, parifis, & Garde-feel de ladite Iurifdiction, par nos Edits,
Declarations concernant leur creation, eftabliffement, & pouuoir, & les reglemens, & Arrefts fur ce interuenus & tout ainfi que les precedens Officiers de ladite Iurifdiction les ont
exercez, fans toutesfois que lefdits Preuoft des
Marchands & Efcheuins, Iuges & nos Aduo-

Chacun des deux Aduocats, demeurera en charge pendant deux années.

Seance des Iuges nommez, apres les Preuoft des Marchands & Efcheuins. Greffier eftably par eux. Ioüyront de la Iurifdiction ciuile & criminelle attribuée au Iuge Conferuateur par Edits des années 1510. 1535. 1602. & autres.

Ne prendront aucunes efpices.

D ij

cats puiſſent pretendre aucunes eſpices, ſalaires, vacations, & émoluments, pour quelque cauſe & occaſion que ce ſoit, ny ledit Greffier perceuoir autres droits que de deux ſols ſix deniers pour chaque roolle. VOVLONS & nous plaiſt que le Subſtitud de noſtre Procureur general en ladite Iuriſdiction continuë l'exercice de ſa charge, tout ainſi qu'il a fait juſques à preſent, & aux meſmes droits & émolumens, honneurs & prerogatiues attribuez à ſadite charge. Que les Procureurs en noſtre Seneſchauſſée & Siege Preſidial de Lyon, occupent & poſtulent ainſi qu'ils ont fait cy-deuant en ladite Iuriſdiction, & que les Huiſliers ordinaires d'icelle y continuënt leurs fonctions; & ceux de ladite Seneſchauſſée & ſiege Preſidial & tous autres Huiſliers & Sergens executent les jugemens, commiſſions & contraintes deſdits Iuges. VOVLONS que les jugemens par eux rendus ſoient executez par tout noſtre Royaume, païs & terres de noſtre obeïſſance, & és Prouinces eſtrangeres, en la meſme forme & maniere qu'ils ont touſiours eſté, & ſuiuant les vs & couſtumes de ladite Iuriſdiction; laquelle nous voulons eſtre exercée dans l'Hoſtel commun de ladite ville de Lyon, & les ſuſdits jugemens intitulez du nom deſdits Preuoſt des Marchands & Eſcheuins, Preſidents, Iuges gardiens, Conſeruateurs des priuileges Royaux des Foires de ladite Ville. ENTENDONS en outre que lefdits Preuoft des Marchands & Efcheuins & autres Iuges en ladite Iurifdiction jugent au nombre de cinq en matiere ciuile, & de fept en matiere criminelle, & que les gages de tous les fufdits Offices demeurent efteints, & fupprimez, & lefdits Offices rayez des roolles, & regiftres de nos parties cafuelles, & du marc-d'or; fans qu'à l'aduenir ils puiffent eftre defvnis dudit Corps Confulaire & le nombre d'iceux augmenté, ny lefdits Offices reftablis & taxez ny reuendus. SI DONNONS EN MANDE-MENT à nos amez & feaux Confeillers les gens tenans noftre Cour de Parlement à Paris, que ce prefent noftre Edict ils faffent lire publier & regiftrer, & le contenu en iceluy inuiolablement garder & obferuer de point en point felon fa forme & teneur: nonobftant tous Edits, Declarations, Arrefts, Reglemens, & autres Lettres à ce contraires, aufquelles nous auons dérogé & dérogons par ces prefentes; nonobftant auffi toutes oppofitions, ou appellations, dont fi aucunes interuiennent nous nous referuons la connoiffance & à noftre Confeil, & icelle interdifons & defendons à toutes nos autres Cours & Iuges. Et d'autant que defdites prefentes l'on pourra auoir affaire en plufieurs & diuers lieux, nous voulons qu'aux coppies d'icelles deuëment collationnées par l'vn de nos amez & feaux Confeillers & Secretaires, foy foit adjouftée comme au prefent original. CAR TEL

D iij

EST NOSTRE PLAISIR. Et afin que ce foit chofe fermé
& ftable à toufiours nous auons fait mettre & appofer
noftre feel à cefdites prefentes, fauf en autre chofe
noftre droit, & l'autruy en toutes. Donné à Paris au
mois de May, l'an de grace 1655. Et de noftre Regne
le treiziefme. Signé, LOVIS. Et plus bas, par le
Roy, LE TELLIER. Et feellé du grand Seau de
cire verte.

ARREST DV PARLEMENT,
de Paris, portant verification du
precedent Edit.

LOVIS par la grace de Dieu Roy de France, &
de Nauarre. Au premier des Huifliers de noftre
Cour de Parlement, ou autre noftre Huiflier ou Sergent fur ce requis, falut. Sçauoir faifons que ce jour-
d'huy datte des prefentes. VEV par noftredite Cour
nos Lettres patentes en forme d'Edit, données à Paris au mois de May 1655. de nous fignées, & plus bas,
LE TELLIER, & feellées fur lacqs de foye du grand
feau de cire verte; par lefquelles & pour les caufes y
contenuës, Nous aurions aggreé, approuué & confirmé l'acquifition faite par les Preuoft des Marchands
& Efcheuins de noftre ville de Lyon des Offices de
Iuge gardien, Conferuateur des priuileges Royaux
des Foires de ladite ville de Lyon, Enquefteur, Commiffaire examinateur, de Lieutenant, de nos deux
Aduocats en ladite Iurifdiction, & de Greffier hereditaire, des prefentations, & confignations, pla-

ces de Maiſtres Clercs ; droits de pariſis & Garde-ſeel
en icelle : Voulons & nous plaiſt qu'à l'aduenir ladite Iuriſdiction ciuile & criminelle auec leſdites charges & Offices de Preſident, Iuge gardien, Conſeruateur des priuileges Royaux des Foires de ladite ville
de Lyon, d'Enqueſteur, Commiſſaire examinateur,
ceux de Lieutenant, de nos deux Aduocats, & de
Greffier hereditaire, des preſentations, conſignations, places de Maiſtres Clercs, droits de pariſis, &
Garde-ſeel en ladite Iuriſdiction ſoient joints & vnis
pour touſiours au Corps Conſulaire de ladite Ville, &
que le Preuoſt des Marchands, lors qu'il ſe trouuera
Officier gradué, exerce à l'aduenir ledit Office de
Preſident Iuge-gardien, Conſeruateur des priuileges
Royaux des Foires de ladite ville de Lyon, d'Enqueſteur, Commiſſaire examinateur en ladite Iuriſdiction, regle & inſtruiſe ſeul & priuatiuement à tous
autres Iuges les inſtances & procez qui y ſeront intentez & les juge & termine ſommairement, autant
que faire ſe pourra, auec les quatre Eſcheuins qui ſe
trouueront en charge, conjointement ou ſeparément, & ſix autres Iuges Exconſuls, Bourgeois & Marchands de ladite Ville pour ce choiſis de qualité & ca-
pacité requiſe ; deux deſquels nous nous reſeruons de
nommer par noſtredit Edit ; Sçauoir l'vn du coſté de
Fouruiere & l'autre du coſté de ſaint Nizier, & les
quatre autres ſeront nommez par leſdits Preuoſt
des Marchands & Eſcheuins, Sçauoir deux auſſi du
coſté de Fouruiere & deux autres de celuy de ſaint
Nizier, pour conjointement auec leſdits Preuoſt des

Marchands & Escheuins exercer ladite Iurisdiction,
pendant le reste de la presente année & l'année prochaine mil six cens cinquante six, laquelle expirée
l'vn des deux Iuges par nous nommez & deux des
quatre nommez par lesdits Preuost des Marchands &
Escheuins, à leur choix, continuëront la fonction
desdites charges pendant l'année mil six cens cinquante sept auec trois autres qui seront nommez à la
fin de l'année mil six cens cinquante-six, l'vn par nous
& les deux autres par lesdits Preuost des Marchands
& Escheuins, pour entrer esdites charges au commencement de ladite année mil six cens cinquante-
sept, auec trois anciens Iuges, & continuer par lesdits trois Iuges derniers nommez leur fonction jusques à la fin de l'année mil six cens cinquante-huit, &
ainsi successiuement és années suiuantes, que nous
nommerons par chacune d'icelles l'vn desdits Iuges, qui sera Bourgeois ou Marchand non gradué; &
lesdits Preuost des Marchands & Escheuins nommeront les deux autres Iuges Exconsuls, Bourgeois ou
Marchands en sorte que chacun desdits six Iuges
puisse demeurer dans ladite charge pendant deux années consecutiues & y estre tousiours trois nouueaux
auec trois anciens, outre lesdits Preuost des Marchands & Escheuins que nous voulons & entendons
estre Iuges perpetuels de ladite Iurisdiction, suiuant
l'ordre par nous estably par ledit Edit. Voulons
neantmoins & ordonnons que lors qu'il ne se trouuera aucun Officier gradué entre lesdits Preuost des
Marchands & Escheuins, ils nomment outre les six
Iuges

Iuges cy-deſſus nommez, l'vn des gens tenans le ſiege Preſidial à Lyon pour preſider, & inſtruire ; & juger conjointement auec les autres Iuges pendant
l'année ſeulement, que ny le Preuoſt des Marchands
ny aucun des quatre Eſcheuins ne ſe trouueront Officiers graduez. Et où l'année ſuiuante arriueroit la
meſme choſe, leſdits Preuoſt des Marchands nommeront vn autre des gens tenans ledit ſiege Preſidial
pour ſucceder au precedent & exercer ladite fonction pendant ladite année. Et en cas de recuſation,
maladie ou abſence dudit Officier, leſdits Preuoſt des
Marchands en nommeront & ſubrogeront vn autre
de la meſme qualité pendant le temps de ladite maladie ou abſence, comme auſſi pour le cas de ladite
recuſation. Et où il y auroit vn Officier gradué entre
leſdits quatre Eſcheuins, ledit Eſcheuin inſtruira &
preſidera en l'abſence du Preuoſt des Marchands, &
tant & ſi longuement que ledit Preuoſt des Marchands ne ſe trouuera Officier gradué. Comme auſſi
Voulons & nous plaiſt, que leſdits Preuoſt des Marchands & Eſcheuins nomment & commettent pour
l'eſtabliſſement qui ſera fait en execution de noſtredit Edit, deux Graduez pour exercer en ladite Iuriſdiction pendant le reſte de la preſente année, & l'année prochaine mil ſix cens cinquante-ſix, les charges de nos deux Aduocats, & que l'vn d'iceux, au
choix deſdits Preuoſt des Marchands & Eſcheuins
ſoit continué pour exercer ladite charge pendant
l'année ſuiuante mil ſix cens cinquante-ſept, auec
celuy qui de nouueau ſera par eux nommé pour cét

E

effet; en forte que chacun de nofdits deux Aduocats
demeure dans la fonction de ladite charge pendant
deux années confecutiues, & y ait toufiours vn nouueau auec vn ancien, fuiuant l'ordre eftably par no-
ftredit Edit, pour les fix Iuges de ladite Iurifdiction,
Lefquels fix Iuges Voulons qu'ils prennent & ayent
rang & feance apres lefdits Preuoft des Marchands &
Efcheuins, fuiuant leur qualité & ancienneté, & que
tous lefdits Iuges, nofdits deux Aduocats & le Greffier qui fera aufli nommé par lefdits Preuoft des Marchands & Efcheuins, joüiffent du pouuoir, autorité,
Cour, & Iurifdiction ciuile & criminelle, honneurs
& prerogatiues attribuez aux fufdits Offices de Prefident, Iuge gardien, Conferuateur, Enquefteur,
Commiffaire examinateur, Lieutenant, nos Aduocats, Greffier hereditaire, & des Prefentations, Confignations, places de Maiftres Clercs, droits de parifis, & Garde-feel de ladite Iurifdiction par nos Edits
& Declarations concernans leur creation, eftabliffement & pouuoir, & les reglémens & Arrefts fur ce interuenus, & tout ainfi que les precedents Officiers de
ladite Iurifdiction les ont exercez, fans toutesfois
que lefdits Preuoft des Marchands & Efcheuins, Iuges & Aduocats, puiffent pretendre aucunes efpices,
falaires, vacations, & émolumens, pour quelque caufe & occafion que ce foit, ny ledit Greffier perceuoir
autres droits que deux fols fix deniers pour chaque
roolle. VovLONs & nous plaift que le Subtitud de
noftre Procureur general en ladite Iurifdiction, continuë l'exercice de fa charge, tout ainfi qu'il a fait

jufques à prefent, & aux mefmes droicts, émolumens, honneurs, preregatiues attribuez à fadite
charge; Que les Procureurs en la Senefchauffée &
Siege Prefidial de Lyon, occupent & poftulent ainfi
qu'ils ont fait cy-deuant en ladite Iurifdiction, &
que les Huiffiers ordinaires d'icelle y continuënt leur
fonction & ceux de ladite Senefchauffée & Siege
Prefidial, & tous autres Huiffiers, & Sergens executent les jugemens, commiffions, & contraintes defdits Iuges. VOVLONS auffi que les jugemens par
eux rendus foient executez par tout noftre Royaume, pays & terres de noftre obeïffance, & és Prouinces eftrangeres, en la forme & maniere qu'ils l'ont
toufiours efté, & fuiuant les vs & couftumes de ladite
Iurifdiction, laquelle voulons eftre exercée dans
l'Hoftel commun de ladite ville de Lyon, & lefdits
jugemens intitulez du nom defdits Preuoft des Marchands & Efcheuins, Prefidens, Iuges gardiens, Conferuateur des priuileges Royaux des Foires de ladite
Ville. En outre voulons & entendons que lefdits
Preuoft des Marchands & Efcheuins & autres Iuges
en ladite Iurifdiction, jugent au nombre de cinq en
matiere ciuile, & de fept en matiere criminelle, &
que les gages de tous les fufdits Offices demeurent
efteints & fupprimez, & lefdits Offices rayez des
roolles & regiftres de nos parties cafuelles, & du marc-
d'or, fans qu'à l'aduenir ils puiffent eftre def-vnis dudit Corps Confulaire & le nombre d'iceux augmenté, ny lefdits Offices reftablis & taxez, ny reuendus,
ainfi que plus au long le contiennent nofdites Let-

tres, à noſtredite Cour addreſſantes. Arreſt de noſtre
Conſeil d'Eſtat du huictieſme May dernier, attaché
ſous le contre-ſeel de noſdites Lettres. Requeſte pre-
ſentée à noſtredite Cour par leſdits Preuoſt des Marchands & Eſcheuins de ladite ville de Lyon, le qua-
torzieſme dudit mois, afin d'enterinement de noſdites Lettres. Concluſions de noſtre Procureur general, & tout conſideré. NOSTREDITE COVR a
ordonné & ordonne, que noſdites Lettres ſeront re-
giſtrées au Greffe d'icelle, pour eſtre executées ſelon
leur forme & teneur, ſans qu'à cauſe de ladite vnion
leſdits Preuoſt des Marchands & Eſcheuins & autres
Iuges qui ſeront nommez, puiſſent prendre autre
connoiſſance en ladite Iuriſdiction que celle qui
eſtoit attribuée aux Conſeruateurs deſdites Foires, ny
aucuns émolumens pour quelque cauſe & occaſion
que ce ſoit. SI TE MANDONS & commettons par
ces preſentes, qu'à la requeſte deſdits Preuoſt des
Marchands & Eſcheuins de la ville de Lyon, le preſent Arreſt tu mettes à deuë & entiere execution, de
point en point, ſelon ſa forme & teneur : De ce faire
e donnons pouuoir. Donné à Paris en noſtre Parlement le 25. jour de Iuin, l'an de grace 1655. Et de
noſtre regne le treizieſme. Signé, GVYET.

DV VENDREDY VIII. OCTOBRE

1655. *apres midy, en l'Hoftel commun de la ville de Lyon ; y eftans,*

MESSIRE Iacques Guignard Seigneur de Belle-veuë, Vicomte de faint Prieft, Confeiller du Roy en fes Confeils, Prefident en fa Cour des Aydes & Finances de Dauphiné, Preuoft des Marchands; Nobles Iean-Baptifte Faijot, Seigneur de faint Hilaire, Confeiller & Maiftre d'Hoftel ordinaire du Roy, Cheualier & Capitaine du Guet de ladite Ville, Eftienne Cochardet Bourgeois, Pierre Mellier Efcuyer, Confeiller de fa Majefté, plus ancien Magiftrat en la Senefchauffée & Siege Prefidial de cettedite Ville, & Remond Bererd auffi Bourgeois, Efcheuins de ladite ville & communauté de Lyon.

Lefdits Sieurs s'eftant extraordinairement affemblez au fujet de l'eftabliffement de l'vnion de la Iurifdiction de la conferuation des priuileges Royaux des Foires de cette Ville, au Corps Confulaire d'icelle, auroient ordonné que l'Edit de fa Majefté qui auoit efté remis le jour auparauant és mains du Secretaire, feroit rapporté pour deliberer plus particulierement fur iceluy, en forte que lecture en ayant efté faite, ils ont arrefté qu'il feroit inceffamment procedé audit eftabliffement & à la nomination des Iuges qui deuoient feruir d'Affeffeurs audit Corps Confulaire, conformément audit Edit; & qu'à cét effet ils fe

E iij

tranſporteroient auec les Officiers de ladite Ville, ainſi qu'ils ont fait, en l'Hoſtel de Monſeigneur l'Archeueſque, Lieutenant general pour ſa Majeſté en ce Gouuernement, pour apprendre de luy la volonté de ſadite Majeſté, pour les deux Iuges qu'elle s'eſt voulu reſeruer de nommer en faiſant ledit eſtabliſſement. Le deſſein duquel ayant eſté beaucoup approuué par ledit Seigneur Archeueſque, il auroit incontinent remis auſdits Sieurs la lettre de cachet de ſa Majeſté à eux addreſſée, par laquelle elle choiſit pour les deux Iuges qui doiuent exercer ladite Iuriſdiction ſuiuant ledit Edit, les Sieurs Laure & André, ſur les bons teſmoignages qui luy ont eſté rendus de leur probité, fidelité & affection à ſon ſeruice, ainſi qu'il eſt plus amplement contenu en ladite Lettre de cachet, dont enſuit la teneur,

DE PAR LE ROY.

TRES-chers & bien-amez, ayans par noſtre Edit du mois de May de la preſente année , & pour les conſiderations y contenuës agreé & confirmé l'acquiſition par vous faite des Offices de Iuge gardien, Conſeruateur des priuileges Royaux des Foires de noſtre Ville de Lyon & autres Offices de ladite Iuriſdiction joints & vnis à perpetuité au Corps Conſulaire de ladite Ville, & nous eſtans reſeruez par ledit Edit de nommer deux Bourgeois ou Marchands de noſtredite Ville, pour auec les Magiſtrats du Corps d'icelle, & les autres Bourgeois ou Mar-

chands qui feront nommez par vous, exercer ladite
Iuriſdiction, ainſi qu'il eſt plus au long contenu
audit Edit ; Nous auons choiſi pour cét effet M^rs
Laure & André fur les bons teſmoignages qui nous
ont eſté rendus de leur probité, fidelité & affection à
noſtre feruice & au bien du public, pour s'employer
à l'adminiſtration de ladite Iuriſdiction pendant le
reſte de la preſente année & durant la prochaine
1656. fuiuant ledit Edit, ce que nous auons bien voulu vous faire ſçauoir par cette lettre, par laquelle
nous vous mandons & ordonnons tres-expreſſement
que vous ayez à receuoir & admettre leſdits Laure &
André pour vacquer à ladite fonction auec les Officiers & Magiſtrats du Corps de noſtredite Ville, &
les autres Bourgeois qui feront par vous nommez, durant ledit temps, aux honneurs & prerogatiues qui y
appartiennent, vous recommandant à l'eſgard deſdits quatre autres Iuges Exconſuls, Bourgeois ou
Marchands qui deuront y feruir conjointement, de
faire choix de perſonnes de la qualité & probité requiſe, ce que nous promettans de voſtre bonne
conduite accouſtumée, & de voſtre affection pour
le bien de noſtre feruice, nous ne vous ferons la preſente plus longue ny plus expreſſe, nous remettans
au Sr Archeueſque de Lyon, noſtre Lieutenant general en Lyonnois & en noſtredite Ville, de ce que
nous pourrions y adjouſter. N'y faites donc faute :
Car tel eſt noſtre plaiſir. Donné à Paris le 13. Septem-
bre 1655. Signé, LOVIS, & plus bas, LE TELLIER,
& cachetée des armes de ſa Majeſté en cire rouge.

Leſdits Sieurs s'eſtans en ſuite derechef aſſemblez pour nommer les autres quatre Iuges qui doiuent exercer auec eux, & les deux nommez par le Roy, ladite Iuriſdiction, en vertu du pouuoir à eux donné par ledit Edict, ont nommé du coſté de Fouruiere noble Louys Chappuis Docteur és Droits, Iuge des terres de Meſſieurs de ſaint Iean Exconſul de ladite Ville, & Sieur Claude Pecoil Marchand negotiant en icelle, & du coſté de ſaint Nizier, les Sieurs Genis Dumas, & Antoine Iulien auſſi Bourgeois, pour prendre par leſdits Iuges le rang & ſeance auec les deux nommez par ſa Majeſté, apres leſdits Sieurs Preuoſt des Marchands & Eſcheuins, ainſi qu'il enſuit:

Meſſieurs,

Chappuis,

Laure,

André,

Dumas,

Iulien,

Pecoil.

Ont auſſi nommé pour faire la fonction des Aduocats de ſa Majeſté, en conſequence du meſme Edit, les Sieurs Gaſpard Grolier Aduocat & Procureur general de cette Ville & Communauté, & Pillata Aduocat en la Seneſchauſſée & Siege Preſidial. Ont auſſi arreſté que tous les Iuges tant de leur Corps, qu'Aſſeſſeurs dans les Aſſemblées d'Audiance & de Conſeil, porteront, ſçauoir, qui ſeront de robe longue, ainſi que les deux faiſans la fonction d'Aduocats de ſa Majeſté, la robe longue & le bonnet quarré, ceux qui
ſont

font dans les Charges Confulaires ou qui y auront paffé, les robes noires femblables à celles que portent les
Exconfuls dans les autres Affemblées où ils fe trouuent
auec la toque; & ceux qui n'auront paffé par lefdites
charges, ains feront feulement du nombre des
bourgeois ou Marchands porteront auffi la toque &
vne robe noire differente toutesfois de celles des autres, en ce qu'elle n'aura que la manche courte &
non pendante.

Que les jours defignez pour jours d'audiance de ladite Conferuation feront les Lundy & Vendredy de
chaque femaine pour eftre tenuës lefdites audiances
depuis deux heures de releuée jufques à quatre
heures.

Que le Samedy enfuiuant fe feroit le prefent eftabliffement, & qu'à cette fin les Iuges fuf-nommez feront aduertis par le Secretaire de ladite Ville ou par
fon commis de fe trouuer en l'Hoftel commun d'icelle pour y venir commencer leur fonction, apres auoir
prefté ferment entre les mains dudit fieur Preuoft des
Marchands : Comme auffi que l'on feroit fçauoir aux
Huiffiers Nicolas, & Gallemand, & aux Procureurs, de
fe rendre audit Hoftel, tous à deux heures de releuée.

Meffieurs, Guignard Preuoft des Marchands,

    Faijot,
    Cochardet,   Efcheuins.
    Mellier,
    Bererd,

DV SAMEDY IX. OCTOBRE,
1655. apres midy en l'Hostel commun de la ville de Lyon, y estans,

LESDITS Sieurs extraordinairement assemblez dans la Chambre du Consulat estant dans l'Hostel commun de ladite Ville y auroient encore fait faire lecture de l'Edit de sa Majesté, portant vnion de la Iurisdiction de la Conseruation des priuileges Royaux des Foires, au Corps Consulaire de ladite Ville; De la Lettre de cachet pour la nomination des deux Iuges qu'elle s'est reseruée de nommer, & de l'acte Consulaire passé le jour precedent pour la nomination des quatre autres Iuges Assesseurs. Ayant esté en suite aduertis que tant lesdits six Iuges que les Procureurs & Huissiers estoient dans ledit Hostel, ainsi qu'ils y auoit esté appellez, ils auroient fait entrer dans ladite Chambre du Consulat lesdits six Iuges, tant ceux nommez par sa Majesté que ceux qui l'auoient esté par le Consulat, où ils auroient presté le serment auec les quatre Sieurs Escheuins, entre les mains dudit Sieur Preuost des Marchands, de viure & mourir en la Religion Catholique, Apostolique & Romaine, & de seruir fidelement & gratuitement le Roy & le public conformément à l'Edit de sa Majesté du mois de May dernier; & encore de donner aduis au Consulat de tout ce qu'ils apprendront importer au seruice du Roy, apres quoy ils auroient esté installez, receus, & placez sur six sieges mis au bas de

la table où sont assis lesdits Sieurs Preuost des Marchands & Escheuins ; sçauoir, trois d'vn costé &
trois de l'autre, dans l'ordre de leur nomination,
ainsi qu'a desja esté dit : Et ont lesdits Sieurs ordonné
que la prestation de serment desdits Sieurs Iuges,
leur installation & reception, seront enregistrées és
Registres des actes Consulaires de ladite Ville ; Et
d'autant qu'ils n'auroient point encores pourueu à
l'establissement du Greffier dans ladite Iurisdiction,
ils ont arresté que Me Guillaume Pourra, fera la
fonction de Commis audit Greffe pour le jour, jusques à ce qu'autrement y ayt esté pourueu suiuant
l'Edit de sa Majesté ; sans que ledit Pourra puisse pretendre de tirer à aucune consequence ladite commission.

En suite lesdits Sieurs sont sortis auec lesdits six Iuges Asseseurs auec leurs robes, bonnets & toques,
ainsi qu'auroit esté reglé cy-dessus : sont descendus
dans la Chambre d'Audiance de la police qui a esté
choisie pour seruir de Chambre d'Audiance à la Conseruation, jusques à ce que le lieu destiné pour cela
soit en estat de seruir à cét vsage ; & y ayant pris leurs
places & seances, comme aussi le sieur Vidaud Procureur du Roy la sienne, les portes ont esté ouuertes
à vne grande foule de peuple qui est accouruë de toutes parts pour assister à ladite Audiance, dans laquelle la lecture & publication de l'Edit de sa Majesté
pour l'vnion de cette Iurisdiction ayant esté requise par ledit Sieur Procureur du Roy, elle auroit esté
ordonnée, & ladite Ordonnance prononcée par

TABLE.

ledit Sieur Preuoſt des Marchands Preſidant en icelle Iuriſdiction.

Extraiſt des Regiſtres des Actes Conſulaires de la ville & communauté de Lyon. Signé, DE MOVSCEAV.

TABLE.

F iij

SOMMAIRE DE L'INSTRVCTION,

Reglement & Stile de la Iurifdiction Royale, eſtablie dans la ville de Lyon, & preſentement vnie au Conſulat, pour la Conſeruation des priuileges Royaux des Foires.

I.

LEs Iuges Conſeruateurs des priuileges des Foires de Lyon, ayant touſiours eſté conſiderez comme Iuges Royaux, ont auſſi joüy depuis leur eſtabliſſement en cette Ville de tous les auantages qui ne ſont pas diſputez à cette qualité. Comme tels ils ont eu des gages du Roy, & dans toutes les occaſions où il a fallu que l'autorité ſouueraine ait agy & parlé, ſoit pour l'intereſt des affaires generales, ſoit pour celuy des particulieres, ſa Majeſté leur a addreſſé ſes Lettres, & Patentes & autres, & leur en a commis l'effet & l'execution.

II.

Cette Iurifdiction eſtant ainſi remarquable par ſa qualité, l'eſt encore par ſon eſtenduë, & par la diuerſité & l'importance des matieres dont la connoiſſance luy appartient. Le commerce & le traffic eſt compoſé de tant de perſonnes, embraſſe des choſes ſi differentes, eſt accompagné de tant de circonſtances, & ſuiuy d'euenemens & d'accidens qui ont tant de fuites, qu'il faut auoüer que dans les Villes où la Marchandife eſt plus floriſſante que les autres arts, la jurifdiĉtion qu'elle reconnoiſt & qui luy impoſe la loy, ne ſçauroit eſtre d'vne mediocre dignité.

III.

Les Edits & les Declarations de Philippes de Valois de l'an 1349. de Charles Dauphin & Regent de France de l'an 1419. de Charles VII. de l'an 1443. de Louys XI. de l'an 1462. de Louys XII. de l'an 1510. de François I. de l'an 1535. 1536. & 1545. de Henry III. de l'an 1578. de Henry le Grand de l'an 1602. & diuers Arreſts des Cours fouueraines eſtendent cette Iurifdiĉtion, non feulement fur le Ciuil, mais encore fur le Criminel. De maniere que comme les autres Royales, elle occupe également les deux mains de la Iuſtice ; celle qui porte la Balance, pour rendre à chacun fon droit dans les procez ciuils ; & celle qui porte l'Eſpée, pour chaſtier les meſchans & combattre les crimes.

IV.

Pour le Ciuil, voicy les principaux chefs dont la connoiſſance luy eſt naturelle.

1. Les paĉtions, les contrats, & generalement toutes les conuentions verbales & par efcrit faites entre Marchands pour fait de marchandife, & leur execution.

11. Les differens qui naiſſent entre les Marchands fur l'achapt ou la diſtribution des marchandifes achetées, pour eſtre portées ailleurs, ou achetées ailleurs pour eſtre portées aux Foires.

III. Tous les differents qui naiffent du fait des voitures, des amballages, des courratages entre Marchands.

IV. Les focietez & les compagnies entre Marchands, les attermoyemens, les faillites des Banquiers & des Marchands, les lettres de change ou credit, & les payemens des fommes promifes en confequence.

V. Les infractions de la franchife & de la liberté des Foires; les Iuges Conferuateurs eftant dans la poffeffion, en fuite de ces Edits, d'accorder lettres de recours & main-leuée des effets des Marchands faifis pendant les Foires,& mefme d'eflargir les Marchands, lors qu'il a efté procedé contr'eux par emprifonnement, fi n'eftoit pour meffait prefent.

VI. La recherche fur les monnoyes apportées ou employées par les Marchands durant les Foires.

VII. La police des Foires & la vifite des Marchandifes qui s'y debitent.

VIII. Les debtes paffiues des Marchands eftrangers, de leurs facteurs, & de leurs negotiateurs, qui font conceuës au profit d'autres Marchands, & mefmes d'autres que Marchands,mais pour caufe & pour fait concernant les Foires.

IX. Il eft impoffible de marquer precifément toutes les efpeces des faits differents qui dependent de cette Iurifdiction en matiere ciuile; & il fuffit de dire, que ces principaux chefs font comme de grandes fources, qui produifent vn nombre infiny de ruiffeaux. Ce font leurs circonftances, & leurs dependances, n'y ayant pas à douter que qui eft le Iuge

G

du principal ne le foit neceffairement de l'accef-
foire.　　　　　　V.

C'eft par la verité de ce principe, que les crimes
qui fe commettent par les Marchands, ou contre les
Marchands ; font, quoy qu'incidemment, de la
connoiffance de cette mefme jurifdiction.

1. Ainfi il a efté procedé autresfois extraordinairement contre les banqueroutiers par les Iuges Conferuateurs, fuiuant la Declaration de François I.

11. Et il l'a toufiours efté contre ceux qui par violence ont contreuenu à la liberté des Foires, & violé
la fauue-garde & la protection que les Roys y ont
permife aux Marchands, par leurs Edits & par leurs
Declarations, qui les y appellent de tous les endroits
de l'Europe par la voix de cette efperance confirmée
fi folemnellement.

111. Donc la pourfuite des vols qui fe commettent, mefmes hors de l'Eftat, fur les Marchands qui
y viennent, ne peut eftre faite competemment ailleurs, non plus que celle des violences qui leur font
faites, de quelque nature qu'elles foient, & en quelque lieu de l'Eftat que ce foit.

1v. Les larcins fecrets qu'on leur fait, foit par
l'ouuerture de leurs quaiffes & banques, foit par celle
de leurs bales remifes aux voituriers, les fauffetez
commifes par eux ou contre eux pour fait de marchandife, & toutes fortes de crimes femblables, où
ils font intereffez, par exemple par les lettres de
changes ou de credit, font de mefme des matieres
qui doiuent eftre traittées en cette jurifdiction.

v. Eſtant vray que les Iuges Conſeruateurs en ont touſiours pris la connoiſſance, de meſme que des faux poids & des fauſſes meſures, & condamné les coupables au foüet ou aux galeres, ou meſmes à la mort, ſelon que le meritoient leurs crimes.

vi. Mais ils n'ont pas ſeulement puny les crimes en la perſonne des criminels; ils en ont quelquesfois par de juſtes conſiderations, fait la vangeance juſ-ques ſur des choſes inſenſibles. Souuent il eſt arriué que des marchandiſes, s'eſtans trouuées alterées, corrompuës, ou falſifiées malicieuſement, ont eſté jettées dans la Saone, en execution de leurs juge-mens, par l'executeur de la haute Iuſtice. Et certes c'eſt ignorer l'art de gouuerner de s'imaginer que les crimes ſoient dans l'impunité, ſi l'on ne verſe pas touſiours du ſang pour les punir. Le Magiſtrat s'ac-quitte de ſon deuoir de quelque façon qu'il teſmoi-gne qu'il les a en horreur, & ſouuent en ces occaſions le Marchand peu fidele ſouffre plus dans la perte de ſa marchandiſe, par les intereſts de l'auarice, qu'il ne feroit en celle de ſon ſang, par les reſſentimens de l'honneur.

VI.

Les jugemens & les Ordonnances des Iuges Con-ſeruateurs ſont executez par toute la France, ſans de-mander pareatis aux Iuges des lieux où l'execution en doit eſtre faite, ſur la perſonne ou ſur les biens des condamnez.

VII.

Les eſtrangers qui frequentent les Foires ne ſont

pas obligez de donner icy caution, *Iudicatum folui*, foit qu'ils agiffent ou qu'ils defendent, comme ils le font dans les autres jurifdictions. C'eft vne grace qui les efgale en ce point aux habitans mefmes, pour l'intereft du commerce.

VIII.

C'eft vn priuilege à cette jurifdiction qu'elle ne reconnoift point de feries, & que le cours de fes fonctions n'eft jamais fufpendu ny arrefté. Ce qui eftant vray en toutes affaires, l'eft encore plus infailliblement où il s'agit des eftrangers & des forains, car ils peuuent eftre amenez pied à pied deuant le Magiftrat, toutes les fois que leurs creanciers le requierent.

IX.

Le credit des Marchands eftant fujet à eftre efbranlé facilement, on ne permet jamais fur Requefte de faifir contre eux, s'ils font domiciliez dans la Ville, à moins qu'il n'y ait vifiblement du peril en la demeure. Il ne feroit pas alors jufte que la confideration de l'honneur d'vne partie, nuifift à l'intereft reel & folide de l'autre.

X.

De-là, on n'a pas efgard aux lettres de refpit obtenuës par vn debiteur contre fes creanciers, parce qu'elles ne peuuent paffer que pour le prefage certain d'vne faillite prochaine. Il y a lieu de proceder, comme fi elle eftoit desja declarée, contre celuy qui les a impetrées, foit à la requifition du Sieur Procureur du Roy, foit à celle du premier de fes creanciers, qui s'en plaindra.

XI.

Les interefts des fommes demandées ne font regulierement adjugez que depuis la contestation en
caufe, & feulement au taux de l'Ordonnance, fi ce
n'eft en fait de lettres de change; car en ce cas les
changes & les rechanges font adjugez au cours de la
place depuis le proteft.

XII.

Aucune adjudication n'eft pourtant faite des interefts, par les fentences purement prouifionnelles ;
parce que fouuent qui obtient la garnifon ne l'obtient que par la negligence de fa partie, ou par la qualité de l'acte qui a donné lieu à fon action, & eftant
mal fondé au fonds, eft condamné en definitiue, &
contraint de rendre ce qu'il a receu injuftement.

XIII.

Les delais, qui regardent l'inftruction & la formalité font tous forts briefs, & doiuent eftre tels par
plufieurs raifons particulieres à cette jurifdiction. Ils
ne font d'ordinaire que de trois jours; mais fi le fait
dont il eft question, eft de peu de confequence, ou fi
l'vne des parties eft eftrangere, & fejourne exprés, ils
font bien moindres. Enfin, cela depend de la volonté du Magiftrat, qui regle les parties, & qui doit con-
fiderer & leur qualité & celle du fait.

XIV.

Mais on en donne rarement aux condamnez: il
faut qu'ils fatisfaffent d'abord au payement des fommes adjugées contre eux, ou qu'ils s'accommodent
auec leurs creanciers. Et fi ayant efté condamnez, il

eft dit par la fentence, *qu'ils payeront dans vn temps certain ;* il eft adjoufté auffi qu'où ils ne le feront, *la fentence & l'executoire qui feront leuez contre eux entreront en taxe.* Il ne feroit pas raifonnable, qu'vn legitime creancier perdift impunément tant d'occafions de fe feruir auec vtilité de fes deniers, comme il s'en prefente parmy les Marchands, pendant qu'ils feroient entre les mains d'vn debiteur de mauuaife foy, qui auroit luy-mefme l'auantage de s'en feruir.

XV.

Le mineur de vingt-cinq ans, & la femme mariée qui trafiquent publiquement & exercent quelque negoce, n'ont befoin en cette cour d'aucune autorifation pour la validité des procedures, foit en demandant ou en defendant.

XVI.

Aux autres jurifdictions les parties font appointées à contredire, ce qu'elles ne font point en celle-cy ; mais elles peuuent refpectiuement efcrire, communiquer & produire tout ce dont elles fe voudront feruir, & tout demeure joint au procez.

XVII.

On fe pouruoit par requefte, par commiffion, & par demande libellée. La requefte eft ce que les formaliftes latins appellent, *libelle*, & elle contient la deduction du fait, & la conclufion du demandeur. La commiffion fe leue au Greffe, & ne differe de la requefte que par la forme. Mais la demande libellée fuppofe vne affignation verbale donnée au defendeur. Il faut qu'elle foit à jour certain, & à heure precife.

XVIII.

. Toute Requefte doit eftre fignée par vn Procureur poftulant, & fi elle ne l'eft, elle eft rejettée à
caûfe des confequences, & des inconueniens.

XIX.

Il ne deuroit eftre permis de donner les affignations, ny de faire aucun exploiét qu'aux deux Huiffiers particuliers de cette jurifdiétion, puifque mefme ils font eftablis en tiltre d'office ; mais comme il le
leur eft d'executer & d'exploiéter en toutes les autres
jurifdiétions, il l'eft auffi aux autres Huiffiers d'en
faire autant en celle-cy.

XX.

L'exploiét d'affignation eft nul, s'il n'eft fait en la
prefence de deux tefmoins, qui foient nommez tant
en l'original qu'en la copie.

XXI.

S'en eft encore vne nullité (comme ce l'eft de toutes fortes de fignifications, de fommations & de proteftations) s'il n'eft fait à la perfonne mefme, ou en
fon abfence en fon domicile ; fans qu'en cecy l'on
puiffe diftinguer l'eftranger d'auec l'habitant ; parce
que les commiffions & les Ordonnances de cette jurifdiétion font executées par tout fans placet, vifa ny
pareatis, conformement à diuers Edits verifiez en la
plus-part des Parlemens de France.

XXII.

Pour les affignations verbales ; elles n'ont lieu que
dans la Ville feulement. L'Huiffier en fait fon rapport
dans le Greffe, où il eft efcrit en vn liure particulier
deftiné à cela.

XXIII.

Si l'habitant ne fe prefente à la premiere affignation qui luy eft donnée, il eft readjourné fur defaut ; mais l'eftranger ou le forain ne l'eft jamais qu'vne fois, vn delay fuffifant, eu efgard à la diftance des lieux, luy ayant efté donné, lors qu'il a efté affigné. Il femble qu'en cela l'habitant eft plus fauorifé que l'eftranger, mais qui fera affez de reflexion, verra que cét vfage eft auffi jufte que neceffaire.

XXIV.

C'eft encore vn aduantage de l'habitant fur l'eftranger & le forain, qu'il n'eft pas fujet à eftre amené pied à pied deuant le Magiftrat, qui prefide à cette jurifdiction. Cette maniere de conduire celuy auec qui on a quelque demeflé fans luy donner la liberté de fe prefenter par Procureur n'eft regulierement approuuée ny receüe, que dans les actions criminelles, ou qui participent de la nature des criminelles. Toutesfois il a fallu en faire vn vfage ordinaire dans vne Ville, qui comme celle-cy, voit tous les jours naiftre tant de diuerfes affaires entre fes habitans & les eftrangers, fur des occafions & des matieres qui fouuent feroient fans remede, s'il eftoit differé.

XXV.

Le Marchand qui ne peut tirer facilement raifon de fon debiteur forain, demande par vne Requefte qu'il prefente, qu'il foit amené pied à pied pardeuant Meffieurs les Iuges Conferuateurs, en vertu de leur Ordonnance, *nonobftant oppofitions & appellations quelconques,*

conques, *& sans prejudice.* Ce qui luy estant accordé, le debiteur est amené de gré, s'il obeït ; ou de force, s'il n'obeït point au commandement, qui luy en est fait par l'Officier chargé de la commission. Mais, comme souuent on n'est pas certain de la pouuoir mettre à entiere execution, on demande d'ordinaire par la mesme requeste, qu'il soit permis de saisir de ses effets, où il s'en trouuera jusques à ce qu'il ait respondu, constitué Procureur, esleu domicile & donné caution. Et c'est ce qui est permis sans autre connoissance de cause, par cette consideration. Que si cela estoit refusé alors, souuent il seroit inutilement accordé apres.

XXVI.

Il est vray que les Sergens n'estans pas tous assez judicieux pour discerner dans leurs executions ceux pour qui il est à propos d'auoir quelque sorte de retenuë d'auec ceux de qui la condition en desire moins, les Magistrats ont coustume, lors qu'il s'agit d'amener en leur presence des personnes qualifiées, & qui meritent de n'estre pas traittées de commun, d'ordonner que ce sera *sans scandale.* Veritablement s'en est vn de voir vn honneste homme outragé, comme il est arriué souuent par les Ministres de la Iustice, qui sont deuenus ceux de la passion de son aduersaire, qui achete d'eux à deniers comptans les injures & les desplaisirs qu'ils luy font.

XXVII.

Celuy qui est ainsi amené en la presence du Magistrat est interrogé sur les faits proposez contre luy ;

H

s'il refufe de refpondre, il eft arrefté prifonnier; s'il
refpond, & que l'affaire ne puiffe pas eftre vuidée
d'abord, *il eft ordonné que le demandeur deliberera fur fes*
refponfes, que l'amené conftituëra Procureur, eflira domicile
& donnera caution de payer le jugé, autrement arrefté; s'il
cautionne, il luy eft permis de fe retirer; s'il ne le
veut, ou ne le peut faire, il eft emprifonné.

XXVIII.

Quand le demandeur a deliberé fur ces refponfes,
le defendeur replique en fuite à ce deliberé, & l'inftance fuit le train & le cours ordinaire des procez ciuils. Mais, fi le demandeur pretend en demeurer-là
fans paffer outre, le deffendeur pourra pourfuiure la
reuocation de tout ce qui a efté fait contre luy fans legitime fondement. En premier lieu, pour proceder
auec ordre, il fera ordonner, apres auoir refpondu,
que le demandeur luy donnera copie de fa requefte.
Secondement, il le fera forclorre de deliberer fur fes
refponfes, & pour le profit des forclufions, il fera
renuoyé abfous, & l'amené fait de fa perfonne declaré nul, & reuoqué auec defpens.

XXIX.

Si le forain refufe deflire domicile, il eft tenu pour
efleu en la perfonne des Procureurs poftulans en cette Iurifdiction.

XXX.

Auant que le terme de payement foit efcheu, on ne
laiffe pas de pouuoir conuenir le debiteur: mais feulement pour le faire condamner à payer au temps qu'il
eft obligé. L'effet de cette action prematurée eft que

l'on va ainfi au deuant des fuites, & des conteftätions
qu'auroit peu faire le debiteur, le terme eftant efcheu, pour efloigner le payement de fa debte, au
lieu qu'il peut apres cela eftre contraint d'abord, &
fans delay. Mais en ce cas nuls defpens de l'inftance
ne font adjugez contre luy au demandeur, eftant jufte que le debiteur foit condamné de payer au terme;
il ne le feroit pas qu'il le fuft auec defpens, parce qu'il
femble que l'action n'eftant qu'vn effet de l'obligation d'où elle naift, le demandeur ne pouuoit pretendre à la rigueur que le deboutement de fes fins.

XXXI.

Les prefentations fe font au Greffe par defauts &
par congez auec le delay, ou le fauf de huictaine. Le
Procureur du demandeur fait efcrire fa prefentation
en l'endroit du regiftre ou font couchez les defauts,
& le Procureur du defendeur au contraire, ou font
efcrits les congez; ny le defaut, ny le congé ne deuant neantmoins auoir effet qu'en la contumace du
defendeur, ou en la negligence du demandeur de fe
prefenter dans le temps de l'affignation.

XXXII.

Mais toutes prefentations doiuent eftre fignées
par les Procureurs des parties, ou en leur abfence par
leurs fubftituts.

XXXIII.

Si le forain ou l'eftranger affigné ne fe prefente, le
Procureur du demandeur fait dès le lendemain de la
huitaine efcheuë, vne feconde prefentation par vn
nouuel acte en ces termes : *Deffaut fecond, fauf trois*

jours, *qui fera leué & jugé à* N. *demandeur contre* N. *defendeur;* & ce temps expiré & les deux actes de defaut leuez il dreffe fa demande en adjudication de profit des defauts, & la remet au Greffe où elle demeure trois jours, le Greffier y mettant au bas fon certificat touchant la verification de la remife.

XXXIV.

Apres cela, fi le fait dont il s'agit eft fommaire & de peu d'importance, il eft jugé definitiuement ; mais s'il eft de confequence, ou fondé fur des pieces qui meritent vne particuliere conteftation, ou interloque feulement ; il eft ordonné en ce cas, apres auoir declaré les defauts bien & deuëment obtenus, que *le defendeur fera readjourné, pour prendre communication de la production qui luy en fera faite, & pour produire de fa part.*

XXXV.

Toutesfois pour le profit des defauts, l'efcriture de main priuée eft tenuë tousjours pour reconnuë, & le defaillant eft condamné par prouifion à garnir, & à configner dans les mains du demandeur & aux defpens des defauts.

XXXVI.

Il arriue quelquesfois que le defendeur fe prefente & non le demandeur, quand cela aduient il leue le congé qu'il a obtenu, dreffe fa demande, & fans autre plus longue formalité, il eft renuoyé de l'affignation auec defpens. Ce qui n'apporte point de prejudice au principal qui demeure en fon entier, nonobftant ce jugement qui en ce cas ne regarde que l'affignation.

XXXVII.

Lors que l'habitant ne ſe preſente point au jour
qu'il eſt aſſigné, on donne le lendemain defaut contre luy, & en ſuite il eſt readjourné pour en voir ad-
juger le profit au demandeur qui l'a obtenu. Et ſouuent meſmes lors que l'aſſignation eſt à heure preciſe
en des cas qui demandent celerité, l'heure paſſée,
defaut eſt octroyé contre le defaillant, & il a meſme
effet. Ce qui ne ſeroit pas permis en vne autre juriſdiction doit eſtre neceſſairement obſerué en celle-
cy, puiſque les Edits, les Reglemens, & les Arreſts
qui la concernent ordonnent aux Conſeruateurs de
proceder *ſommairement & diligemment en ce qui eſt de leur*
connoiſſance.

XXXVIII.

Si le defaut eſt requis en audiance, la forme de
prononcer eſt, qu'il eſt dit, *que defaut premier eſt octroyé,*
ſauf le jour, contre le defaillant ; Que pour le profit il ſera
readjourné, & où il comparoiſtra qu'il defendra dans trois
jours, autrement defaut, qui ſera leué & jugé ; Et ſi la demande eſt fondée ſur compte, promeſſe ou lettre de
change, il eſt ordonné, *qu'où le defendeur comparoiſtra,*
il dira en communiquant, contre la reconnoiſſance de la pro-
meſſe, ou l'acceptation de la lettre de change dans trois jours,
qu'autrement elle eſt tenuë pour reconnuë, que trois jours
apres il defendra à la garniſon, à defaut dequoy il eſt condam-
damné à garnir la ſomme demandée, en donnant bonne &
ſuffiſante caution.

XXXIX.

Cela regarde le premier defaut, le ſecond eſt

octroyé en audiance en la mesme forme, s'il n'a esté
leué au Greffe, estant dit, que *defaut second est octroyé,*
sauf le jour, qui sera leué & jugé, & qu'où le defendeur
comparoistra , &c. Cette prononciation ne differe
point de la precedente.

XL.

Le defendeur se presentant dans le delay porté par
l'Ordonnance de premier ou de second defaut, cette
Ordonnance est signifiée à son Procureur par le
Greffier, & en suite il est condamné au premier jour
des reglemens , aux despens du defaut & du read-
journement, si on le demande, qui sont incontinent
taxez par la mesme Ordonnance, qui porte que où il
conuiendra leuer la sentence & executoire, vien-
dront en taxe.

XLI.

Le demandeur qui a obtenu la garnison par le jugement des defauts fait receuoir sans difficulté les
cautions qu'il presente en la contumace de sa partie;
elles ne sont point en ce cas subjettes à estre debat-
tuës, pourueu que ce soient des Marchands negotians, & qui soient reconnus pour tels. Le Iuge ne
doit pas s'interesser mieux pour vn contumax qui luy
est desobeïssant, que le contumax qui a refusé de se
presenter deuant luy ne tesmoigne de s'interesser
pour soy-mesme.

XLII.

En vertu de l'executoire de sentence, le condamné est contraint au payement du principal & des ac-
cessoires adjugez, apres qu'ils ont esté taxez. Mais

pour l'eftre, il faut qu'il ait efté adjourné *pour les voir
taxer* ; car c'eft vn des chefs de l'executoire ; l'autre eft
que le *condamné fera affigné aux fins portées par ce mefme jugement* qui regarde la definitiue.

XLIII.

S'il ne fe prefente à cette nouuelle affignation pour
proceder à l'execution de la fentence interlocutoire,
l'acte de fon deffaut eft leué, & fans autre readjourne-
ment le demandeur pourfuit contre luy le jugement
definitif.

XLIV.

A cét effet, le demandeur ne fait qu'vn adjoufté
à fa demande, fur laquelle cette fentence interlocutoire eft interuenuë. Il prend par cét efcrit des conclufions au principal, *à ce que le defaut foit declaré bien
obtenu, debouté le defendeur de tout ce qu'il euft peu dire &
propofer ; & en confequence la garnifon conuertie en definitiue, auec defpens, dommages & interefts* : Mais s'il n'y a
point eu de garnifon ordonnée, le demandeur conclud *à ce que le defaut eftant declaré bien obtenu,* &c. Le
*defaillant foit condamné definitiuement au payement de la
fomme de queftion auec interefts & defpens qui feront taxez
auec ceux de la premiere fenteuce, & le defendeur contraint
pour le tout.*

XLV.

Neantmoins la contumace peut-eftre purgée en
tout eftat de caufe, & le contumax eft toufiours receu
à fe prefenter, mefme pendant ces formalitez auant
le jugement definitif, à la charge de refonder tous
les defpens des defaut & de la contumace ; mais apres

la caufe jugée definitiuement, quoy que par defaut
& contumace, il ne luy refte que la voye de l'appel qui
cependant n'arrefte point l'execution du jugement
rendu contre luy par fa contumace.

XLVI.

Si tels defpens peuuent facilement eftre liquidez
& taxez fur le champ & par la mefme Ordonnance
qui reçoit le contumax à fe prefenter, ils le font
d'abord. Mais s'ils ne le peuuent eftre fans voir les
actes, ou fans oüir les parties , ils le feront fur les
pieces.

XLVII.

La taxe & la liquidation des defpens, dommages
& interefts n'eft faite ailleurs que par les Magiftrats
qui les ont adjugez; mais dans Lyon, les offices de re-
ferendaires, pour ce cas ayans efté annexez à ceux de
Procureurs elle eft faite par eux à tour de roolle. De
forte, que ce qui fe pratique dans les autres jurifdictions de cette de Ville eft encore obferué en celle-
cy. Neantmoins la Declaration des defpens ainfi taxez ne peut auoir force, qu'elle ne foit fignée du Magiftrat. Autresfois elle deuoit l'eftre par celuy qui
auoit prefidé à l'audiance en laquelle le jugement
auoit efté rendu, ou qui en auoit efté le rapporteur.
Mais prefentement il eft indifferent qu'elle le foit ou
par Monfieur le Preuoft des Marchands ou par l'vn de
Meffieurs les Efcheuins, pourueu qu'il foit Officier
gradué. Toutesfois, c'eft de la bien-feance, qu'elle
foit premierement portée à Monfieur le Preuoft des
Marchands. L'honneur qui fe rend au chef rejallit

efgalement

également fur tous les membres du mefme corps.

XLVIII.

Si le defendeur ne neglige pas de fe prefenter à l'affignation qui luy eft donnée en execution du jugement preparatoire & interlocutoire, la production du demandeur eft communiquée au Procureur qui s'eft prefenté pour luy.

XLIX.

Il doit dire ce que bon luy femblera dans trois jours apres cette communication. Ce delay paffé il en eft forclos par deux forclufions confecutiues, qui font demandées contre luy en audiance, ou par autant de requeftes. Sur la premiere il eft dit, *qu'il eft forclos fauf trois jours*: Et fur la feconde, *qu'il l'eft fauf le jour.*

L.

Contrainte eft demandée par les mefmes requeftes contre le Procureur, s'il refufe de rendre les pieces qui luy ont efté remifes, & defquelles il s'eft chargé pour fa partie, au bas de l'inuentaire de partie aduerfe. Elle eft accordée en mefme temps, n'y ayant que mauuaife foy en ce refus.

LI.

Les forclufions faute de remettre & de produire s'obtiennent de la mefme maniere, & portent les mefmes delays.

LII.

Le procez eftant ainfi en eftat d'eftre jugé, les facs, fi toutes les parties produifent, ou celuy du demandeur, s'il n'y a que luy qui le faffe, font remis pour

I

eftre jugé definitiuement, à celuy-là mefme qui a
efté le rapporteur de la fentence interlocutoire.

LIII.

Mais fi le defendeur dit quelque chofe contre les
pieces, le demandeur y replique, & le procez eft in-
ftruit par les voyes ordinaires. Et apres cette formalité, qui felon la qualité du fait eft de plus longue ou
de plus courte durée, il eft jugé definitiuement, &
cependant le defendeur ne laiffe d'eftre contraint de
garnir.

LIV.

Voila les formes obferuées contre l'vne, ou l'autre
des parties, qui ne s'eft point prefentée. Mais quand
elles ont fatisfait également à l'aflignation, & qu'elles ont fait fans attendre d'eftre contumacées, leur
prefentation au Greffe, fi le demandeur ne fonde
point fon intention par l'employ & la communication des tiltres, & des actes neceffaires à l'eftablir;
ou fi l'ayant fait, le defendeur ne donne pas fes defenfes, il y a lieu aux congez & aux defauts. Aux congez en faueur du defendeur contre le demandeur, &
aux defauts pour celuy-cy contre l'autre.

LV.

Si le demandeur ne communique les pieces, & les
actes qu'il allegue dans fa requefte, ou s'il n'eftablit
point fa qualité dans le temps qui luy eft ordonné, le
defendeur leue le congé-defaut, qu'il a obtenu contre luy; dreffe fa demande, la remet au Greffe auec
les pieces qui y feront inuentoriées, fait fignifier le
port de fon procez & le fait juger, pouruen neant-

moins que sa production ait demeuré trois jours dans le Greffe.

LVI.

Par le jugement qui interuient là-dessus le congé obtenu contre *le demandeur est declaré bien obtenu, quitté & absous des fins & des conclusions prises contre luy, auec despens.*

LVII.

Mais souuent le demandeur offre sa communication auant le jugement du congé prononcé contre luy. Si le Procureur du defendeur la refuse, le demandeur la fait receuoir par Ordonnance, & en mesme temps regler la cause à defendre ; mais il est tousjours en ce cas condamné aux frais frustratoires, & prejudiciaux qui font taxez sans renuoy, outre ceux de l'expedition de la sentence, & de l'executoire.

LVIII.

Pour le defendeur, d'abord que le demandeur a communiqué de sa part, il est ordonné ou à l'audiance, ou par le Preuost des Marchands, ou en son absence par le plus ancien Escheuin Officier gradué qu'il defendra dans trois jours, *autrement defaut pur & simple, qui sera leué & jugé.* Et s'il s'agit de quelques escritures priuées comme promesses, & lettres de change ; il est adjousté, que *dans le mesme temps le defendeur dira contre la reconnoissance de ses Escritures priuées, ou l'acceptation de la lettre, autrement qu'elles sont tenuës pour reconnuës & la lettre de change pour acceptée, Que dans trois jours apres il defendra à la garnison , autrement condamné à garnir par prouision, & sous caution, la somme demandée.* Si apres cela le defendeur ne veut defendre il eſt ordonné ſur la requiſition du Procureur du demandeur, *que faute de dire cauſes valables au principal, la garniſon demeurera conuertie en definitiue auec deſpens, dommages & intereſts, les cautions, s'il y en a eu de nommées & receuës, deſchargées.*

LIX.

Il n'eſt pas preciſément ordonné au defendeur dans les autres juriſdictions, comme en celle-cy, de defendre; car les appointemens à defendre portent touſiours, qu'il dira ou defendra. Cette alternatiue luy donnant lieu de propoſer diuerſes exceptions dilatoires, qui ne ſeroient pas receuës icy facilement.

LX.

Le defendeur n'ayant pas fourny ſes defenſes dans le delay prefigé, le demandeur obſerue contre luy pour faire juger le defaut qu'il a obtenu, la meſme formalité de congé que nous venons de remarquer. *Le defaut eſtant declaré bien obtenu, le defendeur eſt pour le profit deſcheu & debouté de toutes defenſes, & condamné en conſequence au payement de la ſomme demandée, auec intereſts & deſpens.* Ce jugement, quoy qu'il arriue apres, eſtant touſiours executé, du moins par prouiſion.

LXI.

Mais s'il defend auant que ce defaut ſoit jugé, il doit neceſſairement faire receuoir ſes defenſes. S'il ne le fait, on paſſe outre au jugement, afin qu'il ne tire pas auantage de ſa negligence. Et quand il les fait receuoir il ne peut éuiter d'eftre condamné, comme le demandeur pourfuiuy par congé, aux defpens prejudiciaux & fruftratoires qu'il eft obligé de payer, s'il n'y veut eftre contraint.

LXII.

Tant de Praticiens françois ont enfeigné en quoy confiftent les fins de non proceder, & de non receuoir, que ce feroit vne chofe fuperfluë de s'eftendre fur cette matiere. Il fuffit de remarquer que les premieres doiuent regulierement eftre propofées dés le commencement de l'inftance, & qu'apres vn defaut fouffert, ou apres la conteftation, la plus-part d'elles ne font plus confiderées. Pour les autres, elles peuuent l'eftre en tout eftat de caufe auec effet, parce qu'elles efteignent l'action, & que cela eftant, elles ont autant de force que le payement ou la chofe jugée.

LXIII.

L'incompetence eft du premier genre, & mefme c'eft à quoy femblent fe reduire principalement les fins de non proceder. Elle naift de trois chefs diferens, car ou elle eft tirée du Iuge, & de la jurifdiction, ou des parties, ou de la qualité mefme de la matiere.

LXIV.

Le Iuge recufable & fufpect fe doit abftenir volontairement, s'il n'ignore pas les caufes de fufpicion que l'on a contre luy, & cela fe doit auec d'autant plus d'obligation en cette jurifdiction, que les Iuges Conferuateurs font eux-mefmes les Iuges des reculations qu'on leur propofe, & de leur competence. De forte

que les ayant declarées friuoles & inconsiderables, où
ayant receu la partie à les prouuer, si dans le delay
qu'ils ont prefigé, qui n'est d'ordinaire que de trois
jours, & quelquesfois de moins, elles ne sont veri-
fiées, ils ont droit de passer outre au jugement du
principal, apres auoir debouté le proposant de ses
moyens de recusation, quelque appel qu'il interjette
de ce deboutement. Le droit & les Ordonnances
Royaux estans au reste obseruez, & suiuis concernant les recusations, admissibles ou non, & touchant
la forme de les proposer & de les prouuer.

LXV.

L'incompetence qui regarde la jurisdiction, donne lieu à decliner & à demander d'estre renuoyé. Elle
est establie sur ce que l'on propose, ou que la jurisdiction en laquelle on a esté assigné ne s'estend pas sur
le fait dont il s'agit, ny sur la personne assignée; parce qu'elle a droit de committimus aux Requestes du
Palais ou de l'Hostel; ou que pour le mesme fait, il y
a desja instance entre les mesmes parties en vne autre jurisdiction.

LXVI.

Les Iuges Conseruateurs ont eu rarement esgard à
telles demandes de renuoy fondées sur le defaut de
jurisdiction; mais ils n'en ont eu jamais aux committimus, tels priuileges particuliers cessans tousjours
en faueur de ceux du commerce, pour éuiter des longueurs, qui y causeroient souuent des dommages &
des pertes irreparables. La litispendance n'est gueres
plus considerable par la mesme raison, sur tout quand

il s'agit d'vn fait qui appartient fans controuerfe à cette jurifdiction; car alors il eft ordonné, *qu'il fera paffé outre, & que le defendeur defendra pertinemment, à peine de defaut pur & fimple, qui fera leué & jugé:* joint que la litifpendance doit eftre juftifiée par actes fur le champ, & que pour la rendre digne de quelque confideration, il faut que ce foit le mefme qui s'eft pourueu en cette jurifdiction, qui fe foit auffi pour-ueu le premier en qualité de demandeur en l'autre, pour le mefme fait, & neantmoins quand il paroiftra vifiblement, que la matiere eft abfolument de celles dont les Iuges Conferuateurs font en poffeffion de connoiftre; on ne s'arreftera point à cette exception de litifpendance.

LXVII.

Les mefmes fins de non receuoir, qui font receuës dans les autres jurifdictions de ce Royaume, confor-mement à l'ancien droit & aux Ordonnances, le font encore en celle-cy; comme entre autres celle qui re-garde les Marchands vendans en deftail, fondée fur le temps de fix mois, elle peut leur eftre oppofée nonobftant tous leurs priuileges, & tousjours auec le mefme effet qu'elle a dans les autres jurifdictions.

LXVIII.

Mais ce n'eft pas vne exception legitime aux Mar-chands de propofer que la marchandife qu'ils ont re-ceuë fans proteftation eft mal conditionnée, ou fa-briquée, & pour cela ils n'en peuuent refufer le prix, ny de fatisfaire aux pactions interuenuës à ce fujet entre eux & d'autres Marchands, ou qu'ils ont faites

auec les onuriers ou les voituriers, l'ayant receuë volontairement & fans proteftation, ils ont ainfi tacite-
ment renoncé à tout ce qu'ils auroient peu leur oppo-
fer du chef de la qualité de telles marchandifes. La
proteftation expreffe conferue en fon entier le droit
de celuy qui l'a faite; mais quand il n'a point protefté
& qu'il le deuoit faire, c'eft vne prefomption qu'il
s'eft departy du droit qu'il luy eftoit libre de fe conferuer s'il euft voulu; cela eftant il eft jufte qu'il n'y
puiffe plus reuenir.

LXIX.

Le defendeur ayant fourny des defenfes, il eft dit
fur fa requifition que le demandeur y refpondra dans
trois jours apres, *autrement verifier ou plaider*. Si le fait
demande quelque preuue elle eft ainfi ordonnée, s'il
n'en a pas befoin, la caufe eft portée à l'audiance pour
eftre ou vuidée ou reglée.

LXX.

Le demandeur refpond aux defenfes par additions
premieres, & fait ordonner, les ayant communiquées, que le defendeur y refpondra dans le mefme
delay de trois iours, *autrement en droit plaider ou verifier
s'il y efchoit.* Mais fi le defendeur les contredit, c'eft
de mefme par additions premieres, aufquelles le demandeur replique par additions fecondes, comme à
celles-cy le defendeur par efcritures qui ont le mefme tiltre d'additions fecondes; mais il faut que les
vnes fuiuent les autres fans retardement, n'y ayant
d'autre delay que de trois iours, accordé au demandeur, & au defendeur pour fatisfaire à ce qu'ils doiuent.   LXXI.

LXXI.

Cela fait, la cauſe eſt appointée ou ſe vuide en audiance, & ſi elle n'eſt encore vuidable, par le moyen
de quelque negatiue faite par l'vne des parties, ou de
quelque fait non prouué, elles ſont reglées à verifier,
ou à faire rapport, c'eſt à dire à faire ouïr prud'hommes & experts, ſur le fait mis en difficulté, s'il eſt
de nature à en receuoir.

LXXII.

La ſignification du reglement à plaider ſe faiſoit
de viue voix au Procureur de partie aduerſe par le
Procureur qui l'auoit obtenu; mais aujourd'huy que
cette juriſdiction s'exerce en vn lieu plus eſloigné,
elle l'eſt par vne ſommation par eſcrit *de venir plaider
au lendemain*. Il a eſté ainſi ordonné pour obuier à
toutes ſurpriſes. La pluſpart des Praticiens ne croyent
pas leurs conſciences intereſſées à les eſpargner ; *Do-
lus, an virtus quis in hoſte requirat?*

LXXIII.

Les cauſes ſont enregiſtrées ſur le champ & à l'heure meſme de l'audiance, le plus ancien Procureur
ayant le priuilege d'enregiſtrer les ſiennes les premieres, & conſecutiuement les autres. Elles ſont
plaidées par les Aduocats ou par les Procureurs meſmes, s'il ne s'agit que de reglement, ſans eſtre ap-
pellées par l'Huiſſier qui aſſiſte à l'audiance, l'vſage
des placets n'y ayant pas encore eſté introduit. Ce
qui n'eſt pas vn mediocre auantage pour la prompte
expedition de toutes ſortes de procez.

K

LXXIV.

Si le demandeur ne plaide, congé eſt octroyé contre luy au defendeur faute de plaider; ſi c'eſt celuy-cy
qui ne ſe preſente point, defaut eſt donné contre luy,
l'vn & l'autre porte *ſauf l'audiance, & qu'il ſera leué &
jugé.* En effet, s'ils ſont jugez, ils emportent guain de
cauſe au profit de celuy qui les a obtenus, ſuppoſé
neantmoins qu'il n'y ait de manquement en la formalité qui les a precedez. Le meſme jour la demande
en adjudication de profit, de congé, ou de defaut
peut eſtre dreſſée, & le port & la remiſe en ayant eſté
en meſme temps ſignifiez, elle eſt jugée valablement
dés le lendemain, ſans qu'il ſoit beſoin qu'elle demeure durant trois jours dans le Greffe, comme il le
faut en autre cas, où il s'agit du jugement des defauts interuenus faute de preſenter.

LXXV.

Quand la cauſe eſt appointée, on fait inuentaire
des pieces que l'on produit, qui eſt verifié par le
Greffier, & deſlors il en demeure chargé. Les for-
cluſions interuenuës, dont la premiere eſt *de trois
jours*, & la ſeconde *ſauf le jour*, & deuëment ſigni-
fiées, le procez eſt jugé par forcluſion contre celuy
qui n'a point remis, ou ſur les pieces des deux parties, ſi elles ont produit toutes deux également.

LXXVI.

Il eſt permis à qui veut faire eſcrire par aduertiſſe-
mens, apres l'appointement en droit, de le faire; mais
les parties ne ſont jamais reglées à contredire, & à
ſauuer nonobſtant l'Ordonnance de Villiers de 1539.

qui n'eft point obferuée en cecy, à caufe des longueurs que produit neceffairement cette formalité.
Si eft-ce que les Iuges ne refufent pas de faire voir
aux Procureurs des parties les pieces produites & remifes entre leurs mains quand elles le defirent, & les
remonftrances qu'elles veulent faire là-deffus verbalement, font receuës par le Greffier; & fi elles veulent faire efcrire, leurs efcritures font de mefme receuës; mais on n'y a point d'efgard, fi elles ne font
communiquées.

LXXVII.

En effet toute piece produite non communiquée
à partie, eft rejettée, & fi elle eft retirée pour la communiquer, le Procureur en met fon certificat à la
marge de l'article de fon inuentaire, où elle eft men-
tionnée. S'il ne la communique promptement, & fi
l'ayant communiquée elle n'eft de mefme promptement contredite, on paffe outre au jugement;
car cependant on y procede inceffamment, fans
que ce defaut de communiquer ou de dire contre les
pieces communiquées puiffe le faire furfeoir.

LXXVIII.

Ce qui empefche quelquesfois la communication
d'vne piece, eft que celuy qui l'employe fçait qu'elle eft fauffe pour l'auoir fabriquée, ou confenty à fa
fabrication. Donc l'infcription en faux, & la pourfuite de ce crime eft faite en cette jurifdiction auec les
mefmes formes qu'elle l'eft dans les autres, & il n'y a
que fort peu de difference. La premiere eft, que tous
les delays pour l'inftruction ne font jamais plus longs

que trois jours, & mefmes ils font plus briefs pour
les habitans : n'eftant pas jufte, que, fous pretexte
d'vne accufation, qui fouuent eft calomnieufe, le jugement du principal foit long-temps retardé. La feconde eft, que non feulement la pertinence des
moyens de faux, mais auffi l'accufation au fonds
eft jugée fur les conclufions du fieur Procureur du
Roy, fans aucune communication, l'accufé ayant declaré, ou fon Procureur fondé de procuration fpecia-
le, qu'il fe veut feruir de la piece foupçonnée de faux,
& le demandeur en ayant donné les moyens, fes efcrits qui les contiennent font portez auec les autres
actes de l'inftance au Procureur du Roy, qui prend
fes conclufions, & là-deffus il eft jugé. Si ces moyens
font fuffifans, & mefme fi la fauffeté paroift euidem-
ment par l'employ de quelque acte qui la defcouure,
& qui la prouue, elle eft jugée fans de plus longues
formalitez.

LXXIX.

Qui veut infcrire de faux vn titre, ou vn inftru-
ment, dont on fe fert contre luy, le peut en tout eftat
de caufe, en haine de ce crime qui eft fi odieux parmy les honneftes gens, & fi dangereux à la focieté
ciuile. Premierement, la partie qui employe l'acte
fufpect fera fommée de declarer fi elle s'en veut feruir, auec proteftation expreffe de s'infcrire en faux.
Il eft ordonné, *que le produifant en fera la declaration dans*
trois jours, ou pluftoft, s'il n'eft pas eftranger, & que paffé ce
temps la piece eft rejettée. Cependant, elle eft en mefme
temps paraffée par le Greffier, & remife au Greffe.

LXXX.

Si le produisant declare, qu'il ne pretend pas s'en seruir, elle est rejettée, & l'interest particulier cessant par cette rejection, le Procureur du Roy demeure seul partie pour l'interest public. C'est pourquoy la piece soupçonnée n'est point retirée du Greffe. S'il declare au contraire qu'il veut s'en seruir & s'en ayder, il est enjoint à partie aduerse, *de donner dans trois jours ses moyens de faux, en estant declaré descheu passé ce delay, la piece tenuë pour bonne & vallable, & luy condamné aux frais frustratoires qu'il a causez.*

LXXXI.

Neantmoins, cette premiere Ordonnance comme comminatoire, n'a effet qu'apres vne seconde qui est pure & simple, apres quoy la piece inscrite est portée au sieur Procureur du Roy, qui prend ses conclusions, comme il juge à propos.

LXXXII.

Quand il y a lieu de mettre en cause le Notaire qui a receu l'acte suspect, les tesmoins qui l'ont signé, & pour tout dire, les complices de l'accusé ; adjournement personnel est decerné contr'eux, & mesmes, si le cas l'exige, il est ordonné qu'ils seront pris & saisis au corps, & cependant la partie accusée passe le guichet, s'il paroist qu'elle ait contribué au crime. Mais, afin que ces longueurs ne nuisent point à la partie interessée, la faussfeté ne laisse pas d'estre jugée ; la piece est declarée fausse, & l'affaire vuidée au principal en ce qui regarde le ciuil.

K iij

LXXXIII.

Les liures des Marchands, les efcritures priuées, & generalement toutes fortes d'actes, & non feulement ceux qui font plus authentiques, comme efcrits & receus par main publique, font fujets à cette infcription; & la preuue de la fauffeté eft faite en tous ces cas ou par tefmoins, ou par autres efcritures, ou par comparaifon de lettres. Des experts, qui ne font d'ordinaire que des Procureurs, des Notaires, & des maiftres Efcriuains, eftans nommez, & pris d'office à cét effet, pour faire leur rapport de ce qu'ils jugent de la piece accufée de faux; mais leur rapport ne fait foy qu'apres qu'ils ont efté confrontez auec les accufez,& qu'ils ont foûtenu en leur prefence qu'il eft veritable.

LXXXIV.

La plus forte des preuues eft celle qui vient de la confeffion que fait la partie en jugement, parce que, comme difent les Iurifconfultes, *In confeffis nulla funt partes Iudicis, quàm in condemnando.* Ce qui eft vray, quand cette confeffion a efté acceptée, fi on l'a faite volontairement; car jufques à l'acceptation, elle peut eftre reuoquée. A quoy neantmoins elle n'eft pas fujette, quand elle a efté tirée de la bouche de la partie par la force du ferment, car rien ne peut apres l'affoiblir.

LXXXV.

Il eft donc permis aux parties, apres qu'elles ont contefté, & propofé refpectiuement leurs faits, de fe faire interroger fur ceux qui fe trouueront pertinents, pour la decifion du different qui eft entr'elles.

La forme que l'on obferue eft en premier lieu, qu'ils
doiuent eftre articulez fpecifiquement, s'ils ont efté
auancez par diuerfes efcritures, & jufques à ce qu'ils
ayent efté extraits de tout le procez, cottez pofitiuement, & communiquez, la partie ne fera point tenuë de refpondre, & s'en fera defcharger par Ordonnance. Apres, il eft ordonné à la requifition du Procureur de l'aduerfe partie, qu'elle viendra refpondre
par ferment cathegoric dans trois jours, fi elle n'eft
pas eftrangere; car fi elle l'eft, fon audition peut eftre
renuoyée au Iuge du lieu de fon domicile, ou au premier Notaire Royal requis, non fufpeft, auec vn delay conuenable; paffé lequel, & au plus vn fecond, fi
elle ne rapporte la procedure faite fur fes refponfes;
les faits fur lefquels elle a deu refpondre font tenus
pour confeffez, & auerez à fon prejudice; de mefme
qu'ils le font contre l'habitant, qui n'a point comparu dans les trois jours qui luy ont efté prefigez pour
refpondre.

LXXXVI.

Si faut-il, qu'auant que cette Ordonnance ait fon
entier effet pour l'vn & l'autre de ces deux chefs, elle
ait efté fignifiée; Touchant le premier, qui regarde la
comparition, le delay ne commençant à courir, que
dés le jour de la fignification; Et pour l'autre, qui regarde le tenu *pro confeffo*, il faut qu'elle foit fuiuie par
vne autre Ordonnance, qui porte, *que par le jour, ou
dans le lendemain, partie aduerfe refpondra cathegoriquement
fur les faits du requerant, qui autrement font d'abondant tenus
pour confeffez & auerez.*

LXXXVII.

Si le fait est sommaire, cette mesme Ordonnance porte adjudication des fins du requerant; & s'il merite *altiorem indaginem*, elle porte seulement que ce jour, ou le lendemain passé, il sera pourueu. En suite, le Procureur de partie aduerse est sommé de venir deuant Monsieur le President, pour estre reglez; & là elle est condamnée, si la chose est sans difficulté; mais, si elle est importante, ou embarrassée, elle est renuoyée à l'audiance.

LXXXVIII.

Estant certain, que les Iuges ne doiuent rien negliger pour s'esclaircir de la verité, la partie poursuiuie à respondre est toûjours receüe à le faire, quelques delais qui soient expirez, & quelques reglemens qui soient interuenus contr'elle, pourueu qu'elle se presente auant le jugement definitif. Mais, en ce cas, elle est condamnée aux despens frustratoires faits depuis la premiere Ordonnance, qui sont taxez sur le champ, s'il se peut, ou sur les pieces, & le condamné est contraint de les payer.

LXXXIX.

Apres ces responses, celuy qui a fait respondre y deliberera dans trois jours, & il y sera respondu dans trois jours apres; le tout à peine de forclusion, au profit de laquelle, *les parties sont appointées en droit, ou à plaider, ou contraires, & à faire enqueste.*

X C.

Mais, celuy qui demande l'appointement en droit doit declarer, qu'il soustient la cause vuidable
sans

fans enquefter, & fi elle n'eft pas trouuée telle en procedant au jugement, & qu'il faille que les parties verifient, il fera condamné aux defpens de l'incident.

XCI.

Les fignifications pour venir refpondre feront faites par requefte ou par acte libellé. Il eft ordonné fur Requefte prefentée en execution de l'Ordonnance de comparition, *que la partie qui doit comparoiftre viendra refpondre & que faute d'y fatisfaire, les faits demeureront pour confeffez.* Mais la fignification de cette requefte, & de l'Ordonnance ne fe fait que par Huiflier ou par Sergent, nul autre n'eftant receu à fignifier par bail de copie les Ordonnances & les reglemens de Iuftice.

XCII.

L'acte libellé eft figné par le Procureur de la partie & peut eftre valablement fignifié par vn Notaire. Il eft couché en ces termes; *A la requefte de N. foit fignifié à N. que par Ordonnance d'vn tel jour il a efté ordonné qu'il comparoiftra pour refpondre par ferment cathegorique fur les faits articulez par ledit N. au procez pendant entre eux en la jurifdiftion de la Conferuation des priuileges Royaux des Foires de Lyon, & que par faute de refpondre dans le temps porté par ladite Ordonnance, feront lefdits faits tenus pour confeffez & auerez. Et afin qu'il n'en pretende caufe d'ignorance luy fera donné copie du prefent acte par le premier Notaire, Huiffier, ou Sergent fur ce requis. Fait à Lyon, ce , &c.*

XCIII.

Il fe peut faire que de mauuaife foy, lors que ce-

L

luy qui aura efté affigné fe prefentera pour refpondre, on refufera d'exhiber les faits fur lefquels il doit
eftre interrogé, ou de les remettre au Greffe, ou du
moins au Commiffaire deputé pour l'oüyr. En ce cas,
il prendra acte de fa prefence, qui luy fera donné par
le Commiffaire mefme, ou par le Greffier, apres
quoy il ne fera plus tenu de refpondre que cela n'ait
efté ordonné de nouueau; & que l'Ordonnance ne
luy en ait efté fignifiée en perfonne ou en domicile.
Et mefmes il pourra, s'il le veut, faire ordonner, que
fa partie remettra dans trois jours fes faits au Greffe,
& que ce delay paffé, il fera defchargé de refpondre,
& paffé outre au jugement du procez, s'il eft en eftat;
ou à l'inftruction, s'il ne l'eft pas encore.

XCIV.

Dans les efpeces de fait, dont la preuue eft ou impoffible ou tres-difficile, quelquesfois le ferment de-
cifif ou litif-decifoire, eft deferé à celuy qui nie, &
s'il refufe de le prefter, il eft referé à la partie qui l'a
demandé. Il rend juge de fa caufe celuy à qui il eft deferé, rien ne peut eftre ordonné que conformément
à fa declaration, & nulle preuue n'eft apres receuë au
contraire.

XCV.

La formalité qui s'obferue touchant ce ferment,
quand il eft deferé, ou referé, ne differe point de ce
qui fe pratique dans les autres jurifdictions Royales.
Car il fe fait en audiance publique fur les faits propofez, & articulez pofitiuement. Toute ambiguité y eft
fufpecte; fi le fait eft nié ou auoüé auec condition

l'aduerfe partie y doit deliberer ; s'il eft nié purement
& fimplement par le defendeur, il eft renuoyé auec
defpens qui font liquidez fommairement, & s'il eft
auoüé, il eft condamné auec mefmes defpens.

XCVI.

La preuue par tefmoins fe fait par enquefte folemnelle ou fommaire. La folemnelle eft neceffaire,
quand il s'agit d'vne fomme ou de chofe de valeur de
plus de deux cens cinquante liures ; & la fommaire
fuffit en celles, qui font au deffous. Celle-là eft nulle,
s'il y eft procedé fans adjoint ; mais il n'en faut point
en celle-cy. Cette jurifdiction a entre fes Officiers vn
Adjoint Royal erigé en tiltre d'office ; nul autre ne
peut eftre nommé, ny conuenu par les parties à fon
prejudice dans les enqueftesoù il n'eft point fufpect.

XCVII.

La commiffion d'enquefter porte, que la partie
fera affignée pour nommer & conuenir d'Adjoint,
& pour voir produire, & jurer les tefmoins, & temps
fuffifant luy doit eftre donné pour fe porter fur les
lieux, où fe fera l'enquefte, ou pour y faire aller fon
Procureur. A l'heure de l'affignation les deux Procureurs comparoiftront deuant le Iuge qui doit proceder à cette enquefte, & il fera ordonné que dans telle heure du mefme jour, celuy contre qui elle eft faite dira contre l'Adjoint Royal eftably en tiltre d'Office, qu'autrement il fera procedé auec luy, & s'il eft
fufpect vn autre eft nommé en fon lieu.

XCVIII.

Apres la conuention de l'Adjoint, les tefmoins

L ij

font produits, & preftent ferment en la prefence du Procureur de partie aduerfe, ou en fa contumace, & comme il s'eft retiré s'il a comparu à ce fujet, (car il doit eftre fommé de le faire,) ils font oüis & interrogez feparément fur les faits contentieux.

XCIX.

L'Adjoint & le Greffier feront auffi ferment de tenir l'enquefte fecrette, & de s'acquitter deuëment de leur deuoir, en la prefence de partie intereffée ou de fon Procureur, & le verbal de l'enquefte en doit mefmes eftre chargé à peine de nullité. C'eft entre autres le deuoir de l'Adjoint de receuoir les memoires qu'on luy voudra donner, pour preffer les tefmoins fur quelque circonftance, & d'en efcrire le nom, & le furnom, la demeure, & les qualitez, pour en inftruire la partie contre laquelle on enquefte, afin qu'elle en tire des lumieres pour les reprocher.

C.

Le tefmoin qui refufe de venir depofer y eft contraint par amande arbitraire, qui eft indicte contre luy d'abord, & fi eftant affigné vne feconde fois, il fait defaut, on ne faifira & on ne vendra pas feulement de fes effets à concurrence de l'amande; mais il fera encore amené pied à pied, & mefmes emprifonné, nonobftant oppofitions & appellations quelconques, fi fa def-obeïffance trop obftinée merite ce chaftiment. Les hommes ne fçauroient auoir trop de refpect pour la Iuftice à qui ils ont des obligations infinies, ny la Iuftice trop de feuerité pour les hom-

mes ing.ats à fes bien-faits, & rebelles à fes com-
mandemens.

CI.

Quoy que les delays de prouuer & de verifier,
comme ils font refpectifs & communs, foient encore peremptoires par les Ordonnances, & qu'elles ne
permettent aux Iuges d'en accorder plus de deux,
neantmoins quand on y recourt auant qu'ils foient
expirez, ils fe difpenfent facilement de la rigueur de
ces Ordonnances, & les prorogent quand ils jugent
qu'il y a de la raifon à le faire. Qui refuferoit trop in-
confiderément à vne partie vn temps neceffaire à fes
preuues, fouuent ne luy feroit pas plus injurieux, qu'à
la verité, à qui on ofteroit ainfi le moyen de fe produire au jour.

CII.

Si les tefmoins que l'on pretend faire ouïr, font
forains & eftrangers, & ne peuuent facilement venir, ou fi le fait de la preuue duquel il s'agit, eft arriué en voyage, pendant quelque voiture ou autrement, on ne refufe pas de commettre les Iuges des
lieux, ou les premiers Notaires requis non fufpects
pour les ouïr en leurs depofitions, & pour enquefter
auec Adjoint dans le delay qui fera porté par la commiffion, partie appellée & affignée comme elle le feroit deuant le Iuge naturel de la caufe.

CIII.

Les Procez verbaux des enqueftes font ouuerts;
mais les enqueftes font toufiours clofes & fermées
par les Commiffaires, à peine de nullité. Ils doiuent

contenir la production des tefmoins, leurs noms, leurs furnoms, leurs aages, le lieu de leur naiffance, leur vacation, leur demeure, le rapport & la relation des adjournemens qui leur ont efté donnez, la preftation du ferment, les remonftrances & les proteftations des parties.

CIV.

Pendant mefme que l'on procede à l'audition des tefmoins, fi la partie apprend de pertinens moyens de reproches contre eux, elle peut les articuler & demander au Iuge ou au Commiffaire par requefte ou par remonftrance particuliere qu'ils foient interrogez là-deffus. Si l'aduerfe partie ne l'empefche pas, ils le feront, & leurs refponfes feront clofes & fermées auec l'enquefte. Mais fi on y forme de l'empefchement, le Commiffaire ne pourra faire autre chofe que de donner acte des requifitions & des remonftrances reciproques des parties, pour feruir & valoir ce que de raifon.

CV.

Les tefmoins feront interrogez par les Iuges & les Commiffaires; s'ils ont connoiffance des parties plaidantes, & par quel moyen; s'ils en font creanciers ou debiteurs, parens ou alliez, & en quel degré, &c. Ils en feront efcrire au long les depofitions fans les referer les vnes aux autres; ils leur en feront faire la lecture, pour y adjoufter ou y diminuer; ils les obligeront autant qu'il leur fera poffible de rendre raifon de leur dire, & de s'expliquer comme quoy ils fçauent les chofes qu'ils ont dites; Et enfin ils les feront figner,

& s'ils ne le fçauent, ils en feront expreffe mention,
& que les ayant requis de figner, ils ont declaré qu'ils
ne fçauent efcrire.

CVI.

Le Iuge Conferuateur ou fon Commiffaire eftans
recufez en procedant à l'enquefte, ont droit de juger
les recufations qui font propofées contre eux, & de
paffer outre, nonobftant l'appel interjetté de leur
jugement. C'eft vn priuilege particulier à cette jurifdiction, comme il a efté desja remarqué.

CVII.

C'en eft vne autre que les Ordonnances & les Reglemens qui defendent d'ouïr plus de dix tefmoins
fur chaque fait, & qui veulent que les depofitions de
ceux qui ont efté examinez au de-là de ce nombre
foient rejettées, n'y font point fuiuis. La raifon en eft,
qu'on ne fçauroit jamais trop efclaircir des veritez,
qui font bien plus obfcures dans le train de la marchandife, où l'on eft obligé de donner prefque tout à
la bonne foy, que dans aucun autre genre d'art, ny
de profeffion.

.CVIII.

Le verbal de l'enquefte ayant efté communiqué,
fi on pretend qu'elle foit nulle, ou que les tefmoins
foient reprochables, les moyens de nullité ou de reproches feront communiquez dans le temps qui
fera prefigé. En certaines rencontres, il eft ordonné
que ce fera le mefme jour, ou le lendemain, lors que
l'affaire regarde vn eftranger, ou que par quelque
confideration elle ne fouffre pas de retardement; &

le mefme reglement porte auffi forclufion contre le
negligeant à fournir appointement en droit & à remettre, paffé ce delay. C'eft la commune pratique
prefcripte par les Ordonnances de Charles VII. &
de François I. qui veulent, qu'apres l'enquefte ouuerte & publiée, on ne foit plus receu à donner
moyens de nullité contre elle ny de reproche contre
les tefmoins. Ce qui fouffre pourtant quelques limi-
tations en certaines efpeces.

CIX.

Pour les moyens de nullité, on les tire de plufieurs
chefs; ils font toufiours conuaincans, fi les formes
prefcriptes par les Ordonnances, & autorifées par
l'vfage commun, n'ont pas efté obferuées. Mais les
mefmes reproches, qui ailleurs deftruifent la foy des
depofitions ont auffi le mefme effet en cette jurifdiction. Ce feroit vne chofe fuperfluë de s'eftendre fur
cette matiere, qui a efté traitée par tant d'Auteurs, &
de Praticiens François, qu'elle ne peut eftre que tres-
vulgaire. Il fuffira de remarquer que fi les reproches
ne font pas trouuez pertinens, on paffe outre au jugement du procez; s'ils font pertinens, les parties
font appointées contraires.

CX.

Voicy le reglement qui interuient là-deffus; *Auant
rendre droit definitiuement, ordonné que le demandeur, ou
le defendeur, verifiera dans trois jours les faits de reproches
par luy donnez contre N. N. tefmoins, & partie aduerfe
au contraire, fi bon luy femble: autrement forclos purement
& fimplement, pour ce fait, & le tout remis és mains du
Rapporteur,*

Rapporteur, eftre rendu droit ainfi que de raifon, deffens referuez.

CXI.

Le mefme Commiffaire pardeuant lequel l'enque-ste fur le fait principal aura efté faite, fera encore de-puté pour proceder à celle-cy, mais fommairement. Les tefmoins qui feront produits doiuent necessaire-ment eftre reprochez fur le champ, & la preuue des reproches faite en mefme temps, & fans autre ren-uoy par actes juftificatifs. Si de plus longues formali-tez eftoient permifes, les procez trouueroient leur immortalité dans les inuentions & les calomnies de ceux qui preferent leur intereft à leur confcience.

CXII.

Tant de folemnitez ne font pas obferuées en l'en-quefte fommaire. Les tefmoins font produits deuant le Magiftrat ; ils preftent ferment, & ouys en mefme temps, en mefme lieu & en mefme heure en vertu de la commiffion. En l'enquefte folemnelle ils font reprochez apres qu'ils ont depofé ; & en celle-cy auant qu'ils depofent ; quand ils l'ont fait ils ne peu-uent plus l'eftre.

CXIII.

Si la partie intereffée donne des reproches contre eux, ils font efcrits, & le tefmoin eft interrogé s'ils font veritables ou non, apres quoy il l'eft fur les faits contentieux. Mais fi elle ne comparoift point, ny fon Procureur pour elle à l'heure affignée, *defaut eft donné contre elle*, fi c'eft le matin, *fauf vne heure certaine de re-leuée*, & quelquesfois le renuoy n'en eft que d'vne

M

heure. Si elle ne satisfait non plus à cette heure, apres
la signification qui en a esté faite à son Procureur, il
est procedé au profit du second defaut à l'audition des
tesmoins produits en sa contumace.

CXIX.

Neantmoins le Iuge est obligé de s'enquerir, auant
qu'ils deposent, s'ils ne sont point suspects à la partie,
contre laquelle ils sont produits. Il ne peut se dispen-
ser de leur faire pour ce sujet les interrogats generaux
& communs en cette rencontre ; s'ils sont parens,
aliez, amis, ennemis, creanciers ou debiteurs de
l'vne ou de l'autre des parties. La procedure en fera
foy, & qu'ils ont esté requis de signer, s'ils ne l'ont
pas signée au bas de leurs depositions. Ce qui doit
estre obserué pour ce chef dans vne enqueste plus so-
lemnelle, seroit vn moyen tres-certain de nullité
contre celle-cy, s'il y estoit negligé.

CXV.

Regulierement on n'est point receu à la preuue
d'aucuns faits nouueaux sans lettres Royaux & sans
refondre tous les despens faits jusques alors, & mesme ceux du contredit & de l'enqueste de partie aduerse, si elle veut verifier le contraire de ce qu'ils
contiennent. Neantmoins on ne s'arreste pas à cette
commune pratique en cette jurisdiction, on y reçoit
facilement les faits nouueaux sur simple requeste, &
sans lettres Royaux, pourueu qu'ils soient decisifs,
ou du moins tres-pertinens : qu'ils ne soient point
absolument contraires à ceux sur lesquels les parties
ont premierement esté receües à enquester ; qu'ils ne

foient point auffi les mefmes, & qu'il n'y ait pas fujet de craindre que les tefmoins ayent efté fubornez.

CXVI.

Ils feront articulez par requefte tendante à ce que
partie aduerfe ait à y refpondre auec ferment; & cela
ne pouuant eftre refufé, comme elle aura refpondu, le
demandeur deliberera fur fes refponfes, & deman-
dera en mefme temps d'eftre receu à les prouuer. Le
Prefident à qui l'inftruction des procez appartient
priuatiuement à tout autre, ou l'y reçoit d'abord, s'il
juge qu'il le doiue faire, ou il renuoye les parties à
l'audiance publique, ou certes il joint l'incident à
l'appointement en droit interuenu en l'inftance,
apres l'ouuerture des enqueftes.

CXVII.

Toutesfois celuy qui aura efté ainfi contraint de
contredire ces faits & d'enquefter de nouueau, pourra dreffer eftat & declaration de fes frais qu'il fera fignifier & taxer; car partie aduerfe qui les luy a caufez
eft tenuë de l'en rembourfer. Si elle ne le fait, elle y
fera contrainte en vertu de l'executoire de taxe, qui
fera expedié contre elle.

CXVIII.

Les rapports font vn troifiefme genre de preuue.
L'vfage en eft extremément neceffaire, auffi eft-il
tres-frequent. C'eft par où fe reglent les differends
qui naiffent fouuent entre les Marchands, concernant la qualité des marchandifes, les alterations de
leurs liures, & le defpoüillement des liures de focieté & de compagnie.

CXIX.

S'il s'agit dans le procez de reconnoiſtre la qualité, la quantité, & la bonté de quelque ſorte de marchandiſe que ce ſoit, ſi l'on ſouſtient que les liures des Marchands ont eſté mal tenus, alterez, refaits, ou falſifiez; & ſi pendant la ſocieté ou apres qu'elle eſt finie, il en faut deſpoüiller les liures & ſouder les comptes des intereſſez, les parties ſont reglées à nommer & à conuenir d'experts par le jour, ou dans le lendemain, ou pour le plus tard dans trois jours, ſelon que l'affaire eſt preſſante; & cét appointement porte, qu'autrement ils ſeront pris d'Office, pour éuiter des longueurs & des fuites qui ſeroient ſans doute recherchées & affectées ſouuent en ces occaſions. Si toutes deux n'en nomment point dans ce delay, ou qu'il n'y en ait qu'vne qui en ait nommé, ou qu'en ayant nommé toutes deux elles n'en conuiennent pas reciproquement, il en eſt pris & nommé d'Office, du moins au nombre de deux. Ceux qui ſont choiſis ainſi ne ſont d'ordinaire que les plus eſclairez en la connoiſſance des choſes dont il s'agit, & les plus experimentez en l'art duquel elles dependent.

CXX.

Ces experts ainſi nommez ſont receus ſi l'on ne dit rien contre eux dans le brief delay qui eſt ordonné; ils comparoiſſent en ſuite pour faire le ſerment requis en tel cas, & lors qu'ils l'ont preſté ils ne peuuent plus eſtre recuſez. Apres, ils procedent inceſſamment, & apres ſerment reïteré ſont leur rapport quand il ſe ſont inſtruits de la verité.

CXXI.

Tous rapports de cette nature ſont clos & fermez, tellement qu'ayans eſté remis, il eſt ordonné, *que par le jour, ou dans le lendemain, les parties diront reſpeſtiuement contre l'ouuerture, & dans le jour ſuiuant, ou dans trois jours apres, contre la reception, autrement tenus pour ouuerts & receus, & joints au procez.* On n'en ſçauroit empeſcher l'ouuerture que par de fortes conſiderations auſquelles les experts donnent rarement lieu. S'ils ont teſmoigné viſiblement plus de faueur à l'vne qu'à l'autre des parties, s'ils ſe ſont declarez ouuertement pour l'intereſt de l'vne au deſauantage de l'autre qu'ils auront mal traitée, ou de fait ou de paroles en procedant ; s'ils n'ont pas voulu receuoir de la part de l'vne des eſclairciſſemens neceſſaires, s'ils ont approuué tout ce que l'autre leur aura repreſenté, quoy que moins important, comme ils ſe ſont ainſi declarez ſuſpects, encore qu'auparauant ils n'ayent point eſté accuſez de l'eſtre, il ſera permis de le faire voir ; car, *quæ de nouo emergunt nouo indigent auxilio*, & leur procedure ne ſera ny ouuerte ny receuë.

CXXII.

Mais ſi on n'a rien de pareil à leur objecter, leur rapport eſtant ouuert & receu, il eſt permis aux parties d'en retirer des extraits, pour y deliberer, & en ſuite la cauſe eſt appointée en droit, ſi ce n'eſt que les deux parties la ſouſtiennent vuidable en audiance, comme en effet elle y peut l'eſtre, ſi ce rapport n'embraſſe pas pluſieurs faits.

CXXIII.
Touchant les rapports qui regardent les liures des Marchands, on ne peut conuenir ny nommer pour les faire que des Marchands, des Notaires, des Maiftres Efcriuains; & des Relieurs de Liures, fi l'on fe plaint qu'ils ont efté refaits.

CXXIV.
Mais pour defpoüiller les liures de compagnie ou de focieté, les parties, fi elles veulent, ont la liberté pour le nombre des experts que les Iuges n'ont pas; car elles peuuent conuenir d'vn feul, & les Iuges font obligez d'en nommer toufiours deux, do nt l'vn neantmoins ne peut eftre vtile qu'à verifier. Auffi leurs taxes pour leurs vacations font differentes.

CXXV.
Il ne faut pas obmettre que les frais des rapports font fournis efgalement par les parties, parce qu'elles y font toufiours efgalement intereffées. De forte que celle qui fait l'auance de tous obtient en mefme temps, fi elle veut, executoire pour la moitié contre l'autre.

CXXVI.
Les jugemens rendus en cette jurifdiction font executoires, mefmes par corps, nonobftant *oppofitions ou appellations quelconques, & fans prejudice d'icelles, en donnant bonne & suffifante caution.* Auffi portent-ils cette claufe, *qu'ils feront executez, par prouifion, caution prealablement preftée, en cas d'appel, nonobftant oppofitions ou appellations quelconques, fans prejudice d'icelles, fuiuant l'vfage, rigueur, & priuileges de cette Cour.*

CXXVII.

La caution & fon certificateur font nommez deuant le Prefident, auquel feul, comme il a efté desja
dit, appartient l'inftruction du procez. Il ordonne
que le condamné *dira dans trois jours ce que bon luy fem-*
blera contre leur foluabilité, & qu'autrement ils feront re-
ceus en faifant les promeſſes & les ſubmiſſions. Ils le font,
paſſé ce delay, s'ils n'ont point efté debattus, apres la
fignification qui a efté faite de cette Ordonnance au
Procureur du condamné, & à luy-mefme en fa perfonne, ou au domicile qu'il a efleu.

CXXVIII.

Si les cautions font fouftenuës infoluables, celuy
qui les a prefentées a le choix d'en nommer d'autres
qui feront fubjettes aux mefmes objections, ou de
prouuer dans trois jours leur foluabilité; & cette preuue fe fait fommairement. Mais l'aduerfe partie pourra de fa part verifier le contraire dans le mefme delay, & les enqueftes faites reciproquement, il eft ordonné, *que les parties remettront leurs pieces dans trois*
jours entre les mains du Prefident deuant qui fe fait l'inftru-
ction, paſſé lefquels il fera fait droit fur ce qui fe trouuera
remis. Tellement que fans autre forclufion que celle
qui eft fous-entenduë par ce reglement, il eft jugé fi
les cautions doiuent eftre receuës ou rejettées, & la
partie de qui la preuue eft la plus foible, laiſſant tout
l'auantage à l'autre, eft auſſi condamnée aux defpens.

CXXIX.

Les cautions eftans receuës, le condamné eft contraint au payement des adjudications obtenuës con-

tre luy, tant par emprifonnement de fa perfonne, que par faifie, & par vente de fes biens, meubles ou immeubles. Mais fi l'on procede par la voye de la vente par decret contre luy, apres la faifie de fes immeubles, les criées en doiuent eftre certifiées en l'audiance publique de la Senefchauffée.

CXXX.

Si l'appellation interjettée des jugemens rendus en cette Cour n'eft releuée dans trois mois, on y a moins d'efgard; de forte qu'ils feront executez fans caution.

CXXXI.

L'oppofition du condamné n'arrefte point l'execution du jugement rendu contre luy definitiuement, & ce ne font que les tiers, auec lefquels il n'eft point interuenu, qui en peuuent former, qui ayent cét effet & cette force.

CXXXII.

Le tiers oppofant renuoyé à comparoiftre pour donner fes moyens, *eft debouté de fon oppofition au profit du premier defaut auec defpens,* s'il ne fe prefente; mais fi au contraire le demandeur ne fe prefente point, l'oppofant obtient contre luy congé-defaut, pour le profit duquel il dreffe fa demande, la fait juger, & obtient la main-leuée des chofes faifies auec defpens.

CXXXIII.

Qui empefche par voye de fait l'execution de tels jugemens, eft pourfuiuy criminellement auec les mefmes formes qui font obferuées dans les autres Cours, & n'eft pas traité plus fauorablement en celle-cy,

cy, qui connoift indifferemment de tous les crimes
qui fe font commis alors, pour rendre fes mandemens inutiles & illufoires.

CXXXIV.

La taxe des defpens en cette Cour ne differe non
plus en fa forme de la pratique des autres ; elle y eft
faite par vn tiers fur la Declaration de celuy qui la demande, & fur les diminutions du Procureur de partie, & figné par le Magiftrat. Neantmoins le condamné ne peut eftre contraint par corps au payement de ces defpens, fi ce n'eft apres que l'Ordonnance des quatre mois luy ayant efté fignifiée de la
mefme maniere qu'elle l'eft dans les autres Cours, il
a negligé d'y fatisfaire.

CXXXV.

Quoy que la ceffion de biens foit vn benefice du
droit commun, elle n'eft point receuë en cette jurifdiction. Tellement qu'elle n'y eft pas comme dans
les autres. C'eft vne clef qui ouure la porte de la pri-
fon à ceux qui y font detenus, ils n'en peuuent for-
tir qu'ils ne payent effectiuement. Si neantmoins il
leur y arriue quelque maladie dangereufe, & que les
Medecins conuenus par les parties fur la plainte du
malade, ou pris d'office fi elles n'en peuuent conuenir, rapportent qu'il leur eft abfolument befoin pour
le recouurement de leur fanté de changer d'air & de
lieu, il eft ordonné que leurs creanciers chercheront
dans trois jours, ou mefme dans vn plus court delay,
vn lieu propre à les y faire traiter, & que fi bon leur
femble ils les y feront garder. S'ils n'y donnent l'or-

N

dre qui leur eſt ainſi preſcript, la priſon leur eſt ouuerte. Ce ſeroit vne injuſtice de ſouffrir qu'vn creancier ſe ſeruiſt d'aucun pretexte de Iuſtice en cette con-
jonçture qui offenceroit la nature pour ſatisfaire ſon
inhumanité.

CXXXVI.

Les Eccleſiaſtiques conſtituez aux Ordres ſacrez,
ne peuuent eſtre empriſonnez pour aucune cauſe purement ciuile. Mais les femmes mariées qui exercent
quelque ſorte de trafic particulier, & les veuues auſſi
peuuent l'eſtre. Le reſpect qui eſt deub à ce ſexe cede
en cela à l'intereſt du commerce & à l'vtilité publique.   CXXXVII.

Nous n'auons point encore parlé des procedures
qui regardent les faillites, quoy que la connoiſſance
en ſoit abſolument neceſſaire. Voicy l'ordre que l'on
y obſerue; L'abſence du Marchand accuſé d'auoir failly, n'eſt point vne conuiction de faillite, ſi elle n'eſt
accompagnée de certaines circonſtances qui marquent ſon intention. Il faut donc qu'il en ſoit informé. Il l'eſt au nom & à la requeſte du ſieur Procureur
du Roy enuers deux ou trois Courretiers du change,
qui ſont aſſignez verbalement par l'vn des Huiſſiers,
pour en depoſer deuant Monſieur le Preſident, qui en
a donné l'ordre de viue voix. S'ils diſent que le Marchand dont il s'agit, s'eſtant abſenté, ceux qui ont des
affaires auec luy n'ont pû luy parler ny en ſa maiſon
ny ſur la place, que tout negoce a ceſſé chez luy, & que
c'eſt la voix & l'opinion publique, qu'il a fait faillite,
on procede contre luy comme s'il en eſtoit conuain-
cu.

CXXXVIII.

L'appofition des Seaux dans fa maifon fuit immediatement cette information, apres que le fieur Procureur du Roy y a conclud.

CXXXIX.

Elle n'eft pas faite neantmoins auec tant de rigueur, qu'il ne foit permis à la femme du Marchand, contre qui on procede, de tirer de fes coffres & de fes cabinets les meubles, le linge, la vaiffelle, & femblables chofes de l'vfage defquelles elle, ny fa famille ne fçauroient fe paffer commodement. Elle s'en charge jufques à l'inuentaire, & moyennant cette precaution on ne fait pas difficulté de les luy laiffer.

CXL.

Si le Magiftrat ne peut ou ne veut y proceder luymefme, le Greffier & l'vn des Huiffiers y procedent en fon abfence, & par fa commiffion; & l'Huiffier en fait fon verbal.

CXLI.

Defcription fommaire eft faite par le Greffier des effets qui n'ont pas efté mis fous les Seaux, & elle demeure jointe aux actes.

CXLII.

Toutes les fois que la faillite eft tant foit peu confiderable, l'appofition des Seaux eft faite en la prefence du Prefident, qui s'intereffe principalement à empefcher, par l'ordre qu'il y met, que rien ne foit diuerty; que les facteurs ny les domeftiques ne conférent point entre eux, ny mefmes auec aucun eftranger; & fur le champ il procede à leur audition, & à

N ij

celle de la femme & des enfans, s'il y en a qui foient capables de luy donner de l'efclaircillement.

CXLIII.

Il eft impoffible de marquer precifément tous les interrogats qui leur doiuent eftre faits, parce qu'ils font tirez de plufieurs circonftances, & de diuerfes dependances, qui ne font pas toufiours les mefmes en toutes fortes de faillites. Ceux-cy neantmoins font les principaux.

1. Où eft celuy de la fuite, ou latitation duquel il eft queftion ?

2. Depuis quel temps ils ne l'ont veu ?

3. Quel jour & à quelle heure il eft party ?

4. En quel eftat, en quel équipage, & auec qui il s'en eft allé ?

5. Auec qui il fut le jour de fon depart ?

6. Quels effets & quelles chofes il a emportées auec luy ?

7. Quelles il a recellées & chez qui il les a mifes ?

8. S'il a des marchandifes chez quelques ouuriers, leur qualité & leur quantité ?

9. S'ils n'ont rien veu emporter de la maifon ; fi rien n'en eft forty ; & par qui cela a efté fait ?

10. S'ils ne fçauent point que quelques creanciers fe foient nantis d'aucuns effets au prejudice des autres.

11. S'ils n'ont point de connoiffance particuliere de fes crediteurs, & de fes debiteurs ?

12. Quels liures il tenoit à l'effet de fon negoce, & où ils font ?

CXLIV.

Si cette faillite n'eft pas exempte de tout foupçon de fraude, les facteurs, ou du moins le principal de tous, & generalement ceux contre lefquels il y aura vne jufte prefomption qu'ils y ont contribué, feront arreftez.

CXLV.

On parcourt alors fommairement les liures que l'on a trouuez pour s'inftruire des effets du failly, qui font arreftez en mefme temps en quelque part qu'ils foient, par Ordonnance expreffe, qui porte encore defenfes aux commis de la doüane de fe deffaifir des marchandifes qui luy feront addreffées, & à ceux du Bureau de la pofte & des meffageries, de rendre les paquets & les lettres qui luy feront enuoyées, à nul autre qu'au Greffier. Elles font ouuertes en la prefence du Prefident, du fieur Procureur du Roy, & des intereffez, ou de leurs Scindics & Deputez, & on en reçoit toufiours des inftructions auantageufes.

CXLVI.

Tous les liures & les papiers font laiffez en lieu affeuré & feellée. Le feul bilan qui contient l'eftat du debit & du credit, eft remis au Greffe, & il eft permis aux intereffez d'en prendre des copies en forme, pour leur inftruction.

CXLVII.

Le feellé, & ce qui ne l'a point efté, eft laiffé à la garde d'vn Huiffier, fi la femme ne trouue qui s'en veüille charger en forme ; car pour elle, il eft certain qu'elle ne fçauroit l'eftre valablement, à la referue

des chofes qui regardent fon vfage journalier & de
la famille. De maniere, que, pour empefcher que
rien ne fe diffipe & ne fe perde, il eft obligé de demeurer dans la maifon jufques à nouuel ordre, & il
eft payé de fes vacations des premiers deniers qui
prouiennent de la vente de ces mefmes effets.

CXLVIII.

Les creanciers s'affemblent en fuite pardeuant le
Prefident, ou chez l'vn d'eux, comme bon leur femble, & fi les principaux ont nommé des Deputez,
pour la defenfe commune, pardeuant vn Notaire,
comme c'en eft aujourd'huy l'vfage, les autres à qui
l'acte en eft porté pour le figner n'en doiuent pas faire difficulté, ny de l'approuuer. Auffi fuffit-il qu'il le
foit par la plus grande partie des creanciers, ou mefmes par ceux qui le font de plus grandes fommes,
quoy que le nombre n'en foit pas le plus grand; ce
qui eft conforme à la difpofition du Droit.

CXLIX.

Le nombre de ces Deputez n'eft d'ordinaire que
de deux ou de trois; mais leur deuoir eft de regir &
d'adminiftrer, fuiuant le pouuoir qui leur en eft donné, les biens & les facultez du debiteur, comme il
faifoit luy-mefme auant fa fuite; de procurer l'auantage des creanciers, & d'éuiter leur dommage.

CL.

Eftans nommez ils fe prefentent au Prefident, af-
fiftez du Procureur qu'ils ont choifi pour la defenfe
de la caufe commune. Ils exhibent l'acte de leur nomination, le remettent au Greffe, & demandent

d'eftre receus au ferment requis en tel cas. Ce qui leur
eft accordé à la charge de rendre compte quand & à
qui il fera ordonné, & fous l'obligation folidaire de
leurs biens & de leurs perfonnes comme depofitaires de Iuftice; & par mefme moyen il eft ordonné
qu'à leur diligence il fera procedé, le jour qui leur eft
prefigé, à l'inuentaire de tous les biens, facultez &
effets dont il s'agit.

C L I.

S'il arriue que les creanciers foient negligens à ce
point, que de ne faire aucune femblable deputation,
le fieur Procureur du Roy obtient commiffion contre eux, par laquelle il leur eft enjoint de s'affembler à l'heure qui leur fera affignée, pour y proceder à
peine de trente liures d'amende. Si aucun de ceux
qui ont efté affignez (& ceux qui font connus doiuent tous l'eftre par bail de copie) ne comparoift, ou
qu'il ne s'en prefente pas vn nombre fuffifant pour
nommer, defaut eft donné contre les defaillans, pour
le profit duquel il eft ordonné, qu'ils feront readjour-
nez au lendemain, & fi à l'heure qu'ils l'ont efté, ils
ne fe prefentent non plus, curateur eft decerné aux
biens abandonnez, pour les defendre & pour les regir. Le Prefident le prend & le nomme d'Office, ordonne qu'il comparoiftra pour faire le ferment & les
promeffes neceffaires en ce cas; & apres qu'il a prefté
ce ferment, & fait ces promeffes, c'eft auec luy qu'il
eft procedé pour l'inftruction de toute la formalité.

C L I I.

Les Deputez ou le Curateur font obligez de faire

trauailler à l'inuentaire incontinent apres leur nomination & leur reception. Les liures paraffez & baftonnez, & generalement tous les papiers inuentoriez
leur font remis pour faire les diligences neceffaires,
les marchandifes & les autres effects le font de mefme. Ceux qui en font faifis, eftans tenus de les leur
remettre, apres neantmoins qu'ils auront efté payez
de ce qui leur fera deub, fi ce font des ouuriers, auf-
quels elles ayent efté deliurées pour les preparer, fa-
briquer & manufacturer.

CLIII.

Auant la clofture de l'inuentaire, par laquelle les Deputez, ou le Curateur; fe chargent en forme, de toutes les chofes qui y font inferées, comme depofitaires
de Iuftice, la femme, les facteurs, & tous les domeftiques du failly feront interrogez par le Prefident, à
la requifition des Deputez ou du Curateur; S'ils ont
reprefenté fidelement tous les effets qui ont deub
eftre inuentoriez; S'ils fçauent qu'il y en ait d'autres;
& s'ils n'ont point delaiffé d'en auoir par dol & fraude;
ils refpondront auec ferment à tous ces interrogats.

CLIV.

Si la diftraction de quelque marchandife, qui foit
encore en nature eft demandée, lors que l'on procede à l'inuentaire, acte de la demande eftant octroyé,
il eft dit que celuy qui la pretend *donnera fa demande,*
& communiquera la facture pour luy eftre pourueu. La liberté ne luy eftant cependant accordée de vifiter les
marchandifes, fous pretexte de faire recherche des
fiennes. Cette permiffion auroit trop de dangereufes
fuites.

fuites. Le demandeur ayant fatisfait à ce qu'il doit par
la communication de fa demande, & de la facture, fi
les deputez ou le curateur ne defendent dans trois
jours, la recherche des marchandifes, dont la diftraction eft pretenduë, eft faite par experts à qui la facture eft remife à cét effet, & fur leur rapport communiqué auec les autres actes au fieur Procureur du
Roy, & par fes mains aux Deputez ou au Curateur,
ce differend eft reglé.

CLV.

La vente des effets inuentoriez n'eft pas differée, fi
les creanciers croyent que ce foit leur auantage de la
hafter. Les meubles meublans, & les chofes mobi-
liaires de femblable nature font venduës publiquement, & fur la place aux formes ordinaires. Mais il
faut plus de folemnitez en la vente des marchandifes
& des debtes; car fi bien il eft permis aux deputez,
ou au curateur d'exiger les debtes actiues, comme le
failly auroit peu faire; ou de les faire vendre judiciel-
lement, il faut que cette vente foit toufiours precé-
dée, pour eftre valable, de trois publications en audiance, d'vne publication à fon de trompe, aux lieux
accouftumez, & de la fignification expreffe qui en
eft faite à tous les creanciers connus ou à leurs Procureurs. Cette folemnité eft neceffaire pour empefcher
que ces chofes ne foient pas venduës à vil prix, pour
aller au deuant de toute collufion, & pour mettre
les creanciers, autant qu'il eft poffible, en eftat
de ne rien perdre, ou de perdre moins qu'ils ne
feroient.

O

CLVI.

Rien n'arreſte le cours de ces encheres, & l'on paſſe touſiours outre à la vente, quelque oppoſition qu'il y ait, & quelque ſaiſie des choſes que l'on pretend de vendre, qui puiſſe meſme eſtre faite alors. Il eſt vray que les oppoſitions, & les ſaiſies tiennent ſur le prix entre les mains des deputez, ou du curateur. Si toutesfois vn tiers s'eſt rendu demandeur en diſtraction, auant que l'on ait commencé les encheres, on reſerue les choſes dont elle eſt pretenduë, juſques a ce que les parties ayent eſté reglées definitiuement.

CLVII.

La faillite eſt ſouuent vn effet de la mauuaiſe fortune, pluſtoſt que de la mauuaiſe volonté. Celuy qui ne manque à ſes creanciers que par la force de quelque conjoncture, qu'il n'a peu éuiter ny vaincre, n'ayant pas perdu le deſſein de leur ſatisfaire, comme les moyens de le pouuoir ſi toſt, leur fait preſque tousjours faire des propoſitions que l'on eſt obligé d'eſcouter. Mais il faut qu'il paroiſſe neceſſairement, Qu'il s'explique luy-meſme, & qu'il facilite ſon accommodement, qui ſans cela ne ſe concluroit preſque jamais. Il leur demande à cét effet vn ſauf conduit, c'eſt à dire leur conſentement, pour venir en toute liberté traiter auec eux.

CLVIII.

Il eſt indifferent que ce ſauf-conduit ſoit de main publique ou de main priuée, pourueu qu'il ſoit ſigné de la plus grande partie des creanciers, ou des plus intereſſez en la faillite. Tellement qu'ayant eſté remis à celuy qui s'entremet pour l'abſent, il preſen-te requeſte par laquelle il conclud à ce que les crean-ciers qui ne l'ont point ſigné ny ſoubſcript ſoient aſ-ſignez pour le voir homologuer, & que cependant il leur ſoit defendu de le contraindre ny en ſa perſonne ny en ſes biens.

CLIX.

Le ſieur Procureur du Roy ayant conclud ſur cette requeſte, le Preſident ordonne que les creanciers refractaires ſeront aſſignez aux fins de la requeſte, leur defend cependant de contraindre le ſuppliant en ſa perſonne pendant le temps porté par le ſauf-conduit; & fait meſme ſignifier ſon Ordonnance au concierge de la priſon, comme elle l'eſt aux crean-ciers.

CLX.

Si au prejudice de cette Ordonnance, & de ce ſauf-conduit, le debiteur qui en a ſuiuy la foy & a ceſſé de ſe tenir couuert, eſt empriſonné, les Iuges Conſer-uateurs n'en ſont pas ſi toſt aduertis qu'ils l'eſlargiſ-ſent ſans autre connoiſſance de cauſe. Il eſt informé en ſuite contre le creancier qui a enfraint le ſauf-con-duit, & contreuenu aux defenſes qui luy ont eſté fai-tes, contre le Sergent qui a executé, & contre le geollier qui a receu le priſonnier, & qui l'a eſcroüé.

CLXI.

Le traité qui interuient entre luy & ſes creanciers doit eſtre homologué. Les creanciers qui ne l'ont ſi-gné ſont aſſignez, defenſe leur eſt faite cependant

de le contraindre. Et fi quelques difficultez s'oppo-
fent à l'homologation, on procede fur ce fait comme
aux autres procez ordinaires.

CLXII.

La faillite frauduleufe ne merite ny grace ny pitié,
puis qu'elle ne peut paffer que pour vne efpece de
vol, qui defolant les familles entieres, ne fait pas vn
outrage moins fenfible à la foy publique. La fuite & la
latitation en eft vne preuue ; de forte que fur la plainte des deputez ou du curateur, ou certes du fieur Procureur du Roy, qui eft tousjours partie legitime pour
l'intereft public, on procede quelquefois extraordinairement contre le fugitif & le latitant. Prife de
corps eft d'abord decretée contre luy ; Apres quelques perquifitions, il eft adjourné à cry public & à fon
de trompe à trois briefs jours ; & fon procez luy eftant
fait en fa contumace, il eft condamné & traité comme banqueroutier frauduleux.

CLXIII.

Les creanciers qui ont efté affignez fur l'homologation du fauf conduit, ou du contract d'accord, ont
la liberté de faire ainfi proceder criminellement contre le failly qui pretend traitter, ou qui l'a desja fait.
Il faut neantmoins que pour y eftre receus ils expo-
fent par la requefte qu'ils prefenteront à cette fin,
des moyens & des faits de fraude pertinens & con-
fiderables.

CLXIV.

Sur ces faits ou il eft informé fecrettement, ou il
eft ordonné que l'accufé refpondra. S'il eft informé,

& que l'on rapporte vne preuue concluante, prife de
corps eft decretée contre luy. S'il refpond, & qu'il
nie, il n'eft obligé qu'à conftituer Procureur & à efli-
re domicile, & jufques à ce que les faits de fraude
propofez contre luy ayent efté pleinement prouuez,
le fauf-conduit qui luy a efté accordé, & les Ordonnances qui l'ont confirmé, & qui ont defendu de le
contraindre, font inuiolablement obferuées. Mais,
cependant la procedure ciuile, qui tend à regler tous
les creanciers fur leurs demandes, n'eft pas continuée
au prejudice de celuy qui s'eft declaré partie pour la
preuue & la punition de cette fraude. Elle ceffe pour
luy & non pour les autres, auec lefquels l'inftruction
eft continuée, fans que neantmoins on puiffe de mefme paffer outre au jugement jufques à la fin de la
pourfuite criminelle.

C L X V.

Au refte tous les frais des procedures, & des formalitez qui fe font à la requefte du Procureur du
Roy & des deputez, ou du curateur, pour la defenfe & pour le bien de la caufe commune, fe prennent
& fe leuent fur les premiers deniers qui prouiennent
des effets du debiteur commun. Ce priuilege ne leur
doit pas eftre contefté, puis que c'eft par ce moyen
que *falua fit totius pignoris caufa.*

C L X V I.

La fageffe ne connoift d'autre honte, que celle
d'auoir offenfé fon deuoir par les confeils de fon intereft particulier, & ce ne luy eft pas vn blafme d'e-
ftre dans l'impuiffance de faire tout ce qu'elle doit,

pourueu qu'elle mefme ne fe la foit pas procurée.
L'exemple de quelques Marchands à introduit depuis long-temps vn vfage fauorable à la bonne foy,
& à ceux qui ne s'en font pas efloignez par leur conduite. Il leur eft permis de configner leurs perfonnes
& leurs biens en Iuftice, de la rendre la depofitaire
d'eux-mefmes, & de fe mettre ainfi à couuert de la
colere de leurs creanciers. On procede de cette maniere.

CLXVII.

Le Marchand qui craint les mauuais traitemens
que l'on peut luy faire, fe prefente luy-mefme au
Prefident, & luy remonftre fes calamitez par vne
requefte, ou par vn comparant fur le Regiftre, où
il en deduit l'origine & les caufes. Il auouë qu'il luy
eft impoflible de s'acquitter enuers tous fes creanciers, reprefentant le bilan contenant ce qu'il doit,
& l'eftat de tous fes biens; il le remet mefme au
Greffe, apres auoir affirmé auec ferment qu'il contient la verité, declarant qu'il configne fa perfonne
& fes biens en Iuftice, moyennant quoy il conclud à
ce qu'il foit ordonné à fes creanciers de s'affembler,
pour nommer des Deputez qui prennent connoiffance de fes affaires, & que cependant defenfes leur
foient faites de le contraindre par aucune execution.
Alors il luy eft octroyé acte de fes remonftrances, de
fa confignation, de fa remife, & de fon ferment, &
fur les conclufions du Procureur du Roy, à qui il eft
dit que le tout fera communiqué, il obtient Ordonnance conforme aux fiennes.

CLXVIII.

En mefme temps & fans aucun delay en execution de la mefme Ordonnance, qui en fuite des conclufions du Procureur du Roy, porte que les effets du fuppliant feront mis en feureté, les Seaux font appofez chez luy par vn Huiffier commis auec le Greffier, pour y aller proceder inceffamment.

CLXIX.

Les creanciers s'affemblent apres pour deputer ou pour traiter; & les liures ayant efté paraffez & baftonnez, s'ils defirent de les voir pour leur inftruction, & pour prendre plus certainement leurs mefures, ils feront remis à ceux d'entre eux qu'ils auront deputez & nommez pour les receuoir; s'ils ne peuuent s'accommoder auec leur debiteur, ils agiffent fuiuant les formes obferuées dans toute autre faillite, & ce que l'on pratique au jugement de celle-cy ne differe point de ce qui s'obferue dans les autres, dont nous auons remarqué cy-deffus les principales formalitez.

F I N.

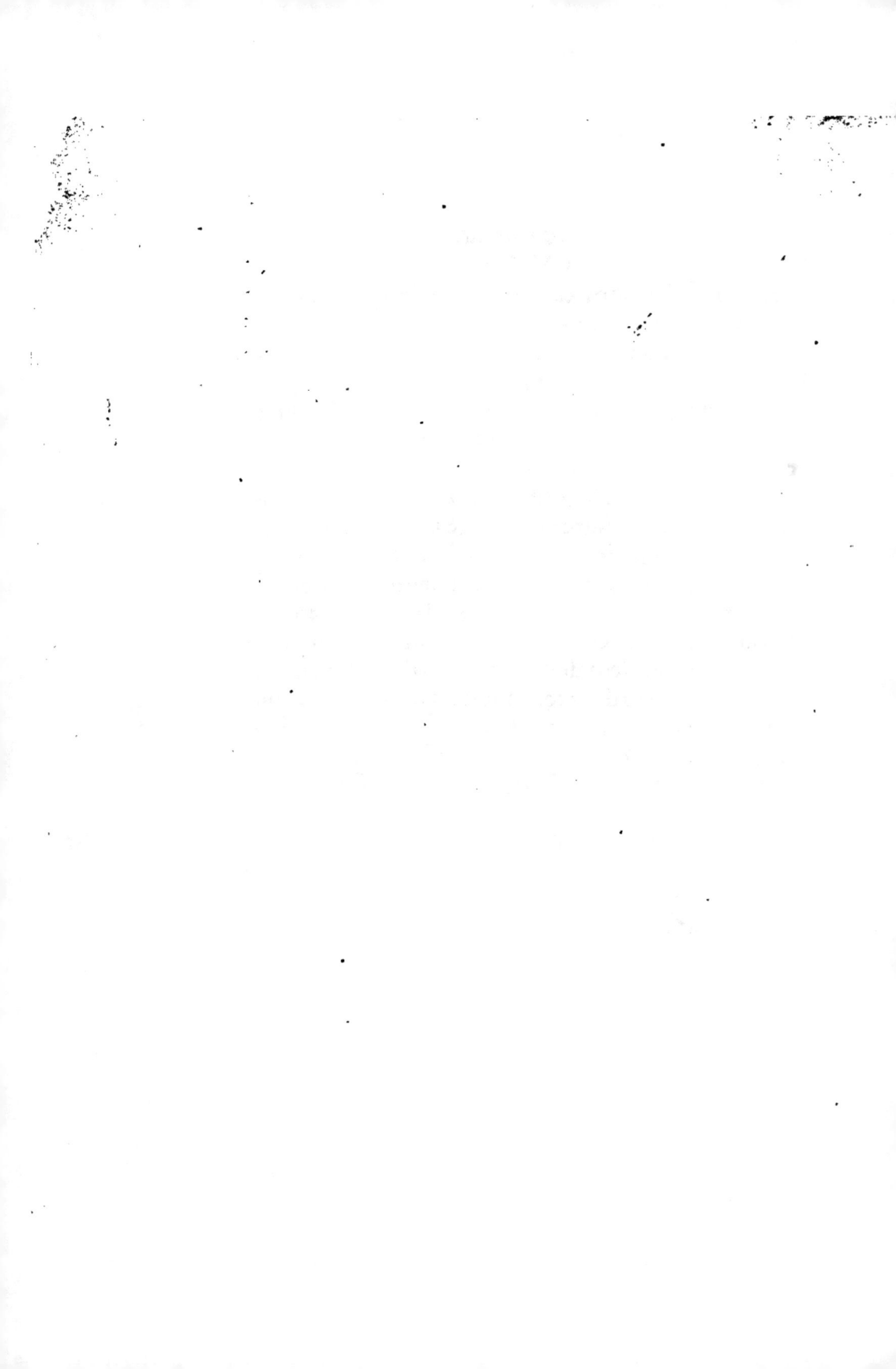

www.ingramcontent.com/pod-product-compliance
Lightning Source LLC
Chambersburg PA
CBHW071450200326
41519CB00019B/5690

9782014489323